SCORPIO

Janice Jakait

FINDE DICH SELBST

und du hast nichts mehr zu verlieren

SCORPIO

© 2019 Scorpio Verlag GmbH & Co. KG, München
Umschlaggestaltung: Guter Punkt, München, unter Verwendung
zweier Motive von © Janice Jakait und © Rike_/istock
Lektorat: Ursula Kollritsch
Layout und Satz: BuchHaus Robert Gigler, München
Druck und Bindung: Pustet, Regensburg
ISBN: 978-3-95803-132-6

www. scorpio-verlag.de

Für Cora

Wo die meisten sitzen blieben, da bin ich aufgestanden.
Und wo die Menge aufsprang, blieb ich meist sitzen.
Alles, was ich darin fand, waren Freiheit und Freunde,
die ebenso aus der Reihe tanzen.
Und das ist eben doch allergrößter Reichtum.
Auch euch widme ich dieses Buch.

INHALT

»Vielleicht stehst du gerade neben dir,
suchst dich selbst und Gott …
schaust in den Himmel und wartest
auf ein Wunder.
Dabei steht auch Gott neben dir
und schaut nach oben,
denn irgendetwas Interessantes
muss da ja sein, so oft wie du hinaufblickst.
Alles Wesentliche findest du in deinem Herzen;
dann, wenn du ganz bei dir bist.«

JANICE JAKAIT

WEIL DU GENUG BIST

»In einem Netz verfangen vergaß ich,
dass ich das Meer bin!«

Erkenne dich selbst! – *Gnothi seauton* – Diese Inschrift am Eingang des Apollontempels von Delphi forderte schon vor weit über 2000 Jahren zur Selbstbeschau auf. Als ihr Urheber gilt Chilon von Sparta, der als einer der »Sieben Weisen«[1] bezeichnet wird.

Wissen wir denn heute, wer wir sind? Haben wir Fortschritte in der Selbsterkenntnis gemacht? Spätestens seit der Verbreitung des Internets und der sozialen Medien leben wir transparent und kennen vermeintlich fast alles und jeden. Doch erkennen wir uns damit selbst besser als die alten Griechen? Schaut man sich den Zustand unserer Welt an und ist ganz ehrlich, dann scheinen sehr viele Menschen immer noch keinen Verdacht zu haben, wer sie wirklich sind und was sie hier eigentlich machen. So viele haben ihr wahres Selbst schon sehr früh verlegt, so wie man ein Spielzeug, Schlüssel oder Handy verlegt.

Sie richten sich nach anderen, wollen gefallen und suchen Bestätigung und Erfüllung in äußeren Umständen, und sie sind auf dem bestem Weg, sich komplett und für immer zu verlieren, gerade im World Wide Web und anderen fortschrittlichen Erfindungen. So naiv waren die alten Griechen nicht, zur Selbsterkenntnis und Innenschau aufzurufen. Ihre Aufforderung galt möglicherweise im Besonderen uns klugen Menschen der Zukunft, sonst hätten sie diese Botschaft auch nur für sich selbst in den Sand kritzeln können. Stattdessen wurde sie in die Pforte eines erhabenen, bedeutenden Tempels gemeißelt, der mit seinem berühmten Orakel von Delphi wie kein zweiter für die Zukunft stand.

Aus den Sieben Weisen des antiken Griechenlands sind im Deutschland von heute die *fünf Wirtschaftsweisen*[2] geworden; Institute, die uns suggerieren, dass wir selbst, die Märkte und unsere Welt, wenn wir nur genug arbeiten, stets neue Wünsche und Ziele haben und reichlich konsumieren, schon in Ordnung sind und wir alles Wesentliche damit erkannt haben.

So gesehen passt dieses Buch vielleicht nicht in die klassische Sachbuch-Schublade, entspricht nicht ganz dem, was man sich darunter vorstellt und was erwartet wird. Es geht eben nicht darum, ein weiteres Ziel zu erreichen, sondern ins Gegenwärtige zurückzufinden, *zu sein*, und genau das ist eben kein Ziel, sondern unser Urzustand. Und genau darin findet dann das Wesentliche oft ganz von selbst zu uns. Womöglich kommt dieses Buch etwas unerwartet daher und bringt vielleicht gerade deshalb ganz neue Töne in euch zum Erklingen. Die Zeilen wollen zum Umdenken, und viel mehr noch, zum Umfühlen ermutigen, aber das funktioniert natürlich nicht, wenn sie nur alte Überzeugungen bestätigen und Erwartungen erfüllen. Ich will es auch wagen, nicht alle Erwartungen zu erfüllen. Das Buch will anders sein; und dieses Anderssein würde es gern mit euch teilen, denn ihr seid einzigartig, ihr solltet ebenfalls in keine Schublade passen, außer in eure eigene. Und anstatt weiter zu versuchen, Idealen, Vorstellungen und Erwartungen gerecht zu werden und euch selbst zu idealisieren, um dann immer öfter daran zu scheitern, solltet ihr einfach so sein dürfen, wie ihr seid! Auf diese Weise könnt ihr erfahren, dass ihr so viel mehr seid, als ihr glaubt. Auch diese Welt ist so viel mehr! Ich hoffe, ihr könnt euch mir und meinen Worten nähern, denn sie wollen jeden von euch eigentlich nur an etwas ganz Wunderbares erinnern …

Du bist genug!

Und wenn du dir endlich genug bist, kannst du auch erfahren, dass du weit, weit mehr als nur genug bist! Und wenn du dir und deiner überwältigenden Einzigartigkeit entgegenkommst, kommt dir auch diese Welt entgegen, mit unerwarteten Wegen und Wundern, die dich tragen werden.

Ganz gleich, wie du dich in der Zukunft verwirklichen möchtest oder was du meinst, noch aus deiner Vergangenheit geradebiegen zu müssen, es wird im Moment der Erfüllung wieder genau das sein, was du bis jetzt bereits erreicht hast – das, was du jetzt bist. Es ist immer nur jetzt, wir sind immer nur hier, wir sind immer »nur« das, was wir sind. Ist das jetzt nicht genug, wird es niemals genug sein können. Und die Vergangenheit und die Zukunft sind am Ende nur Erinnerungen und Vorstellungen, die wir in der Gegenwart haben. Erkennen wir die Wunder des Augenblicks nicht, wie sollen wir sie dann in der Zukunft erkennen? Nur hier und jetzt spielt die Musik, nur in der Gegenwart können wir dazu tanzen. Wann und wo sonst könnte alles Sinn machen als in diesem Moment, an diesem Ort. Morgen etwa? In zwei Jahren? Im nächsten Leben? Wo ließe sich Erfüllung finden, und wo könntest du wirklich bei dir wieder ankommen, wenn nicht genau dort, wo du jetzt bist! Doch nur wenn wir ganz bei uns sind und das als Wunder begreifen, können wir in Demut und Dankbarkeit wertschätzen, dass wir jetzt am Leben sind.

Oder anders gesagt: Wer hier und jetzt das Wunder und den Sinn des Lebens nicht erkennt, der wird auch in zweihundert Jahren Lebenszeit nicht viel mehr erkennen können und das Leben nicht als das erfahren, was es eigentlich immer schon war. Der wird leider niemals zutiefst stolz sein können, weder auf sich selbst noch auf andere, und für nichts und niemanden wirklich von

Herzen dankbar sein. Dem erwächst das Leben zur einzigen Herausforderung, die es nur irgendwie möglichst sicher und mit viel Ablenkung zu meistern gilt, nach dem Motto: möglichst lange durchhalten, bitte! Denn in der Zukunft könnte ja noch so viel passieren und sich alles zum Besten wenden. Und so wird das Leben schnell zum Weiterleben, Überleben oder zum reinen Existieren. Und irgendwann ist es doch vorbei.

Dabei vergessen wir schnell: Das hier ist genug! Wir sind genug! Es braucht kein weiteres Spektakel drum herum. Das Wunder singt sanft und leise, »man muss ihm nur die Hand hinhalten«[3], wie die Dichterin Hilde Domin rät. Und genau das vergessen wir so oft. Um uns daran zu erinnern, müssen wir stehen bleiben und Frieden in unseren Gedanken finden. Denn das Unbegreifliche können wir nicht begreifen, wir können es nur erfahren.

Wenn du die Herausforderungen, die vor dir liegen, sicher bestehen kannst, dann wirst du alles geben und sie auch bestehen. Wenn noch Hoffnung besteht, wirst du es weiter versuchen. Und wenn du nicht mehr weiter kannst, dann gibst du eben auf. Es ist immer so, wie es ist, kein Grund, den Kopf zu verlieren. Du tust stets das, wozu du imstande bist … und das ist genug! Also mach doch deinen Frieden mit dir. Erst wenn du das erkennst, kannst du über dich hinauswachsen und wirklich mehr erreichen. Denn dieses Mehr kommt dir dann entgegen!

Glaubst du vielleicht, du hast bisher vieles falsch gemacht? Dann mach bitte auch damit deinen Frieden. Wer immer nur *sollte oder müsste* und wer stets *alles richtig* machen will, der weiß am Ende oft gar nicht mehr, was er eigentlich *will* und *braucht* oder wer er überhaupt noch ist. Bis er schlimmstenfalls nicht mehr kann und völlig erschöpft ist. Woher weiß man dann überhaupt noch, was wirklich richtig ist? Dazu müsste man wieder ganz zu sich finden, sich spüren und alle Ziele und Vorstellungen loslassen. Das geht nur hier und jetzt, wenn wir vertrauen und uns dem Gegenwärtigen hingeben, es zutiefst erfahren und erfühlen. Dafür möchte dieses Buch eine Inspiration sein.

Wenn du zu viel denkst, und zu wenig fühlst, mach deinen Frieden damit, sonst denkst du nur noch mehr. Wo es Mühe kostet, kostet es noch Mühe. Wo Zweifel sind, da sind noch Zweifel. Wo Sorgen sind, da sind noch Sorgen. Und wo du noch davon überzeugt bist, über all diese Dinge überhaupt so viel Kontrolle zu haben, da bist du eben noch überzeugt davon … mach auch damit deinen Frieden.

Denn je mehr Frieden du dir ersehnst und umso schneller du ihn finden willst, umso weniger Frieden hast du. Es war einfach nie genug, es brauchte immer mehr und mehr, genau das bewirkte das Gegenteil, also immer mehr Unfrieden! Das Mehr fühlte sich nach immer weniger an und geriet zum Überfluss, und im

Wesentlichen und Wenigen erkannten wir das Wunder nicht mehr.

Es geschieht, was geschieht, und wenn du dir doch noch vorstellst, dass etwas anderes geschehen müsse, damit es eine Art Erwachen und endlich ein *Ankommen* sei … nun, du ahnst es, die Antwort ist: jetzt! Es ist, was es ist. Du bist, was du bist. HIER und JETZT, ÜBER-ALL und IMMER. Wenn du das erkennst, dann bist du frei, dann bist du ganz bei dir, dann kannst du vertrauen, dich hingeben und wirklich fließen. Nur das allein ist Frieden. Und du wirst niemals ein anderer sein müssen als der, der du eben bist. Und du wirst niemals etwas anderes tun müssen als das, was du tust und tun kannst. Dein Handeln gerät zur natürlichen, kraftvollen Tugend des Herzens. Und dann tust du auch endlich genug!

Ab diesem Moment wird nichts mehr so wie vorher sein. Erst wenn nichts mehr gesucht wird, kann sich das Wesentliche wieder offenbaren. Und es wird unserem Fluss den rechten Weg und das rechte Ziel weisen und uns entgegenkommen.

Wenn diese Zeilen mit dir in eine Resonanz gehen, dann könnte ich mir vorstellen, dass dich dieses Buch inspirieren wird. Es will dir auf verschiedenen Wegen und über mehrere Kapitel näherbringen, warum der Weg zu dir selbst und *zu mehr Frieden und Zufriedenheit* gar kein Weg und kein weiteres hochtragendes Ziel mehr sein kann und weshalb du doch schon sehr weit gegangen sein musst, um das hier und jetzt auch zu erkennen. Du bist nämlich ganz du und bei dir, wenn du aufhörst, irgendetwas aus dir zu machen, schon allein weil du inzwischen erkannt hast, dass es nicht wirklich funktioniert. Ein echtes Wunder wird sich genau darin offenbaren, dass du das verinnerlichst ... und alles wird sich im rechten Maße in dir und um dich herum wandeln.

Das Buch verwebt zwei große Themenkomplexe miteinander: Zum einen geht es um diesen *pfadlosen* Weg zu dir selbst. Zum anderen aber auch um den *pfadlosen* Weg der Welt zu dir. Denn die Welt kommt dir tatsächlich entgegen, so wie du dir selbst entgegenkommst. Auf dass du wieder Urvertrauen findest und dich umhüllt, verbunden, getragen und geborgen fühlen darfst, in allem, und das heißt auch: in dir!

Ich würde mich natürlich sehr freuen, wenn du in diesem Buch viele neue Denkanstöße und Impulse findest. Aber ganz besonders würde es mich berühren, wenn dir die Worte, Gedanken, Gedichte und Verse, die ich hier notiert habe, nahegingen, ins Herz hinein. Wenn es dich ebenso berühren würde – in deiner Freude, aber auch in deinem Schmerz. Gerne begleite ich dich auf deinem Weg – als Mensch, der hinter all diesen gedruckten Worten steht und selbst so lange gesucht hat. Jeder Mensch vollendet sich selbst in der Liebe. Der Weg der Liebe ist der Weg vom Herzen und wieder zurück ins Herz, der sich eine Weile durch den Kopf und durch das Leben anderer Menschen schlängelt. Das ist unsere Reise.

Ein Stückchen deines Weges möchte ich dich gern mit diesem Buch begleiten.

Dir geht es gut?
Das geht vorbei!
Dir geht es schlecht?
Das geht vorbei!
Was bleibt …
bist du!

Mit besten Wünschen
Janice

Eine Kurzanleitung für das Leben

Räumst du mehr weg, als du liegen lässt,
so hältst du mehr als nur Ordnung.
Reparierst du mehr, als auseinanderfällt,
dann bleibt deine Welt immer heile.
Vergibst du häufiger, als du verurteilst,
grenzt dich ab, aber niemals aus,
so bist du mit den richtigen Menschen.
Wagst du stets mehr, als du dich fürchtest;
riskierst mehr, als du berechnest;
hältst fest, aber lässt auch wieder los,
so bewahrst du dir Freiheit und Unabhängigkeit
und kannst an neuen Erfahrungen wachsen.
Gib immer gern ein wenig mehr, als du nimmst,
aber gib dich niemals dabei auf!
Nimm bitte auch an, was du verdienst,
in Demut und in Dankbarkeit.
Übe dich darin, den Gedanken loszulassen,
dass du hier wirklich etwas brauchst oder musst,
dann wirst du alles Wesentliche haben,
und das Unwesentliche verschwindet von allein.
Bitte sei auch stolz, aber niemals überheblich.
Keiner hat hier wirklich einen Plan!
Auch will nicht alles verstanden werden,
erfahre zutiefst, was nur erfahren werden will,
so bleibt dir der Weltenzauber erhalten.

Und denke bitte stets daran, dass das Leben mehr ist
als nur schwarz oder weiß. Nimm es als das, was ist.
Liebe dein Grau und das Grau anderer Menschen.
So wird alles wieder bunt.
Und so hast du Frieden.

DIE LUFT, DIE TRÄGT

Wenn du alles verlierst,
dann erst zeigt sich, was dich wirklich erfüllt,
trägt und wer du wirklich bist.«

Im letzten Jahr ist meine Großmutter gestorben. So traurig das klingt, aber sie hatte immer angekündigt, dass sie nur noch darauf wartet, dass Opa stirbt. Die beiden gehörten einfach zusammen. Und sie gingen auch zusammen. Es war unvorstellbar, dass einer ohne den anderen sein könnte. Gleich nach dem Krieg hatten sie sich gefunden, was all diesem Schrecken plötzlich auch einen Sinn gibt, denn ohne diesen Krieg wäre mein Vater nie zur Welt gekommen und somit auch ich nicht. Als ich Oma zum letzten Mal sah, fiel alles in mir zusammen. Ich öffnete die Tür ihres Zimmers im Pflegeheim, in dem sie nach Opas Tod und zahlreichen Stürzen aufgenommen worden war. Sie saß im Rollstuhl, völlig apathisch, ein Schatten ihrer selbst. Es dauerte ein paar Sekunden, bis sie mich überhaupt erkannte. Dann freuten wir uns beide. Ich rollte sie ins kleine Café auf der Etage, und wir sprachen lange miteinander. Über Opa, über Papa, über uns. Und mit jedem Satz, der ihr über die Lippen kam, blühte sie ein wenig mehr auf. So war es auch mit Opa immer gewesen, der allerdings schon seit Jahren in einer anderen Welt gelebt hatte. Am Abend reiste ich ab. Ich wusste, dass ich meine Großmutter nicht wiedersehen würde, das wusste ich auch damals bei Opa. Ich wusste es einfach. Nur wenige Tage später riefen mich meine Eltern an und sagten mir, dass sie gestorben sei. Ich war inzwischen wieder zu Hause, setzte mich auf den Küchenboden und weinte. Welchen Sinn hat dieses Leben, wenn es doch nur so kurz ist und am Ende alles verloren scheint. Das beschäftigte mich damals sehr, und doch mischten sich auch Tränen der Freude über ihr Leben und Dankbarkeit darunter.

Wie oft hatte ich mich früher auf diese Hoffnung gestützt, mit all meiner Lebenslast, dass mich dann, wenn alles verloren ist, etwas trägt. Gott vielleicht oder irgendetwas, das über meine Vorstellung hinausreicht. Ich hoffte, dass sich am Ende tatsächlich ein großes Bild vervollständigt, dass sich mir aller Sinn meines Lebens eröffnet und sich hinter dem Alltag etwas offenbart, das mich wirklich behütet und begleitet. Dass ich dieses »Etwas« in mir selbst entdecken würde, damit hätte ich niemals gerechnet. Was mir aber mit jedem weiteren Tag bewusster wurde, war, dass die Antwort nicht im Kopf zu finden sei und auch nicht in den Millionen von Dingen, die mir die Außenwelt – die Medien, die Werbung, das Kino und die Schule – als Sinn verkaufen wollten. Diese grenzenlosen Möglichkeiten unserer Zeit allein hatten mir einfach nie gereicht, mich nie dauerhaft erfüllt, mich niemals wirklich lange getragen. Im Gegenteil: Ich fühlte mich abhängig von äußeren Umständen und Privilegien, aber nicht frei und geborgen. Ich lebte immer am Puls der Zeit, aber meinen eigenen Puls spürte ich immer weniger ohne die Impulse von außen.

Die alten, überlieferten Schriften beschrieben eine andere Welt, jenseits der Gedanken, jenseits des Körpers und der Sinne; diese Welt zu finden würde mir alle Fragen beantworten, stand da. Ich mochte die Vorstellungen von Gott damals nicht sonderlich, die man mir nahegebracht hatte, sie erschlossen sich mir nicht. Und wie konnte dieser Gott, falls »er« denn tatsächlich existiert, so viel Leid in dieser Welt zulassen? Nur ganz langsam begriff ich, dass diese Welt hier eine Welt ist, in der Gott kaum wirken konnte, weil Gott oft nicht mehr in uns wirkte. Weil wir unser Göttliches im Herzen vergessen haben und uns stattdessen allerlei abstrakte und unwirkliche Gedanken darüber machten und diese Welt nach unserem Gutdünken gestalteten. Je mutiger ich nach einem höheren Sinn suchte und mich einfach dem Unvorstellbaren öffnete, umso mehr verstand ich, wovon die alten Schriften schrieben. Diese Welt liegt hinter den Gedanken. Gott und alles Unvorstellbare kann in vorstellbaren Gedanken nicht existieren. Wir selbst müssen uns klein machen, um in Vorstellungen und Idealen Platz zu finden. Wir müssen uns in kleine Schubladen zwängen, und wenn wir Glück haben, und nur dann, passen wir vielleicht auch in eine Schublade, die als schön, erfolgreich oder »richtig« gilt. Und doch müssen wir auch diese Schublade irgendwann wieder räumen.

Wer bin ich jenseits von richtig und falsch, und was trägt und erfüllt mich wirklich? Diese Frage ließ mich nicht mehr los. Und bei Gott, ich war bereit, alles zu geben, was ich war, und alles aufzugeben, was ich besaß, wenn ich dafür nur einen überzeugenden und wohlwollenden Sinn in dieser Schöpfung ausmachen und vor allem endlich mich und meine wahre Bestimmung darin leben könnte.

Auch die romantische Liebe ließ immer auf eine Antwort hoffen. Sei sie doch alles und ewig, heißt es oft in Büchern und im Kino. Aber liebt man jemanden oder etwas, ist das auch nicht für immer und ewig. Alles ist vergänglich, auch diese Liebe ist es, das hatte mir das Leben immer wieder beigebracht. Es schien noch etwas anderes zu geben, vielleicht auch einfach eine noch ganz andere Form der Liebe: etwas, in dem wir wirklich schwimmen und das durch uns hindurchfließt, etwas, das immer ist und in dem wir immer sind. Das grundlos, bedingungslos und von nichts abhängig ist. Und wenn ich hätte eines als Liebe benennen müssen, dann war es auch wieder dieses Gefühl, einfach ganz im Augenblick und bei mir zu sein. Und damit war ich dann auch offen für alles andere. Für alle anderen. Manchmal brauchte es Menschen, mal Tiere, mal Handtaschen, um gegenwärtig zu sein, aber dieses Gefühl war nie von Dauer. Dann war ich zwar wieder für einen Augenblick präsent und setzte einen Fuß in diese andere Welt, zumindest ein Stück weit. Aber es fand sich nichts, was mich länger im Augenblick verweilen ließ. Umgehend zogen mich alte oder neue Sehnsüchte und Gedanken wieder woandershin. So kam ich lange nirgendwo wirklich an. War weder hier noch dort zu Hause.

Am Ende war ich ganz müde vom Suchen, *entrückt* von mir selbst und entrückt von nahezu allen anderen Menschen. Die Sinne betäubt. Wie in einem Nebel wandelte ich durch die Welt. Statt wallenden Gewändern aus leuchtenden Farben, in die die Welt sich in meinen Kindheitstagen noch gehüllt hatte – daran konnte ich mich vage erinnern –, trug sie plötzlich nur noch blasse Farbenkleider. Es benötigte jedes Mal ein richtiges Schauspiel und Spektakel, ein Feuerwerk für die Sinne eben, damit ich wieder ganz *da war,* damit ich mich lebendig fühlen und staunen konnte, wenigstens für ein paar Momente. Ging es mir richtig mies, blieb die Welt komplett grau. Es war nicht mehr wie früher als Kind. Da war ich einfach ganz da, war ohne Absicht und Anstrengung verzaubert von allem. Und dann ist es eben doch immer wieder geschehen, auch als Erwachsene, da überwältigte mich in ganz unerwarteten Momenten das Unbeschreibliche wieder. Da war diese Stille in mir, und plötzlich war eine einzige Blume schon die Antwort auf alle meine Fragen. Da war die Welt ein einziger Zauber. Und doch gingen diese erfüllenden und unbeschreiblichen Momente wieder verloren, und der Alltag holte mich wieder ein.

Wo hatte er sich dann nur wieder verborgen, dieser große Zauber, der meine Sinne wiederbeleben kann? Diese Kraft, die ich wiedererwecken wollte, die mich als Kind ständig umfangen hatte? Die mir im unbeständigen Auf und Ab eines Menschenlebens, auch in höchsten Höhen und tiefsten Tiefen ein Anker des Friedens und der Gewissheit sein könnte. Ein Zauber, der über jeden Zweifel erhaben ist. Eine Art immense Schwungkraft, die meine Seele entschlossen und behütet durch alle Widrigkeiten hindurch, an allem Unbeständigen und Vergänglichen, an allen Zweifeln und Ängsten vorbei geleiten und mich hinein in das Wesentliche des Lebens stoßen würde. Die mir Leichtigkeit, Zuversicht, Geborgenheit und Vertrauen schenken würde, unabhängig davon, was mir das Schicksal an Umständen und Herausforderungen erwürfelte. Das, was ich sehnsüchtig suchte, war ein sicherer Hafen im größten Sturm, ein Zuhause.

»Ich setzte den Fuß in die Luft, und sie trug«, schrieb die Lyrikerin Hilde Domin in ihrem ersten Gedichtband *Nur eine Rose als Stütze*[4], der 1953 erschien. Ganz oft hatte ich ihre letzte Ruhestätte in meiner alten Heimatstadt Heidelberg besucht. Gerade im Frühling, wenn die ersten

Rosenknospen ausschlugen und die Bäume sich die Wintermüdigkeit aus den Zweigen schüttelten oder wenn ich selbst krisengeschüttelt Halt suchte, dann stieg ich über die verschlungenen Wege des Bergfriedhofs zu ihrem Grab hinauf. Immer eine weiße Rose als mein Symbol des inneren Friedens und der Weisheit in der Hand.

Dieses Zitat *über die Luft, die trägt,* hatte sich die Dichterin in leicht abgeänderter Form als letzte Botschaft in die Grabplatte meißeln lassen.[5] Es war ihr also die wichtigste Mitteilung, die sie uns hinterlassen wollte, die eingedampfte Lebensweisheit aus über sechsundneunzig Lebensjahren und unzähligen Versen.

Genau in meinem Alter, mit Anfang vierzig, hatte sie in einer tiefen Lebenskrise überhaupt erst ihre Bestimmung und Leidenschaft im Schreiben von Gedichten gefunden[6]. Und die Welt eröffnete sich ihr dadurch aus einer zauberhaften Perspektive. Ihre Botschaft kommt nicht von ungefähr, sie ist kein lyrischer Erguss der Fantasie, sie entsprang ihrer ureigenen Erfahrung: Ihre Mutter, die sie gepflegt hatte, verstarb, ihr Ehemann hatte sie ebenfalls verlassen. Hilde Domin hatte vermeintlich alles verloren. Doch sich selbst, ihren Frieden und ihre Bestimmung darin überhaupt erst gefunden. Genauso wie den Zauber der Welt. Die Gedanken an ihren Mut, ihre Kraft schenkten auch mir bei den Besuchen auf dem Friedhof ein wenig mehr Mut, Kraft und Zuversicht, wenn ich selbst nicht mehr weiterwusste, wieder einmal befürchtete, alles zu verlieren, wenn ich daran zweifelte, was ich hier eigentlich mache, wer ich wirklich bin und wer ich überhaupt noch sein möchte. Erst als ich selbst mutig genug war, alles »Alte« loszulassen, ging mir ein helles Licht auf, aber dazu musste ich darauf vertrauen, *dass die Luft mich trägt.* In einem Interview 1986 wurde die damals fast achtzigjährige Hilde Domin befragt, welchen Mut ein Schriftsteller benötigte, darauf antwortete sie: »*Ein Schriftsteller braucht drei Arten von Mut. Den, er selber zu sein. Den Mut, nichts umzulügen, die Dinge beim Namen zu nennen. Und drittens den, an die Anrufbarkeit der anderen zu glauben.*«[7] Ich will es also ganz in diesem Sinne mit diesem Buch wagen, ich selbst zu bleiben, nichts zu erdichten, die Dinge zu benennen und darauf zu hoffen, meine Leser zu berühren.

Doch wo anfangen zu erzählen, bei dem, was mir alles in den letzten Jahren widerfahren ist, und wie den Kreis schließen, auf dass glaubhaft nachzuvollziehen ist, was mir heute alles Wundervolles und Unfassbares geschieht und warum diese Lebensreise mit ihren großen und kleinen Krisen mir unendliche Zuversicht und Vertrauen geschenkt hat?

Ich folge keinem Plan von *A* nach *B* mehr, sondern *A* steht für den Beginn meines Abenteuers und *B* für die Richtung, in die der Wind bläst. Dann setze ich meine Segel, nehme das Steuer durchaus auch mal bewusst in die Hand und schaue mich ein bisschen im Naheliegenden um. Der Wind, der mich vorantreibt, ist der Atem meiner Bestimmung, dem meine Intuition, mein innerer Kompass folgt. Es ist der Weg meiner Seele und meines Herzens, den ich nicht mehr ständig hinterfragen oder mir schönreden muss. Ein Weg, der sich fügt, wenn ich bei mir bin, auf dem ich mich auch mit niemandem mehr vergleichen muss. Auf diesem Weg fühle ich mich *vom Meer* getragen und gehalten von seiner unbeschreiblichen Kraft. Mein freier Wille hält mit seiner Entscheidungskraft das Ruder in der Hand und kann auch bewusst steuern. Vielleicht steuere ich zu den Walen an Backbord hinüber, schwimme und tauche eine Weile mit ihnen. So wie vor ein paar Jahren, als ich allein über den Atlantik gerudert bin und die Neugier mich oft mal kurz gegen den Wind rudern ließ, nur weil am Horizont etwas Spannendes auftauchte, das unbedingt erkundet werden musste. Aber eben nur kurz. Es ist sinnlos und ermüdend, zu lange gegen den Wind zu rudern. Vielleicht peile ich heute die Inseln an der Steuerbordseite an oder verweile morgen auch einmal in einem sicheren Hafen. Aber niemals mehr kreuze ich den Wind meiner Bestimmung, segle oder rudere gegen meine Gefühle an, und niemals mehr werfe ich auf hoher See den Anker aus, um träge an seinen langen Ketten zu hängen. In diesem tiefen Meer kann ich nicht ankern. Sicherheit und Stillstand sind eine Illusion. Und ich muss auch nicht ankern und stillstehen vor Erschöpfung, denn wenn ich mich im Vertrauen in den Wind lege, statt dagegen anzukämpfen, wovon sollte ich dann müde sein?

Der Ozean, auf dem ich im Leben treibe und in dessen Seegang es auf und ab geht, der strömt und seinen Weg findet, indem er sich ohne Druck und Sog in seinem Element bewegt, ohne Zwang und Gewalt und ohne Eile, dieses Meer ist der ewige und unendliche Strom der Schöpfung, in dem alles entsteht und vergeht. Es ist das Schicksal der Welt.

Für die einen ist dies vielleicht *Gott*, für andere der Urknall, der in jedem Teilchen und in uns selbst nachklingt. Wieder andere sehen darin einen wundersamen Zyklus, der alle Welten zur Welt bringt. Letztlich sind dies alles nur Worte und Vorstellungen, die wir Menschen uns machen, um das Unbegreifliche und Undenkbare zu verstehen. Mir persönlich gefällt das Wort *Gott* inzwischen gut, wenn ich nur die Schildchen ablöse, die Religionen ihm bisweilen zugewiesen haben.

Wer richtig durch das Leben navigieren will, muss auf seiner Route drei Elemente – Wille, Bestimmung, Schicksal – berücksichtigen:

Das, was ich will.
Das, was sein soll.
Das, was wirklich und einfach nur ist.

Ich folge keinem Plan von A nach B mehr, sondern A steht für den Beginn meines Abenteuers und B für die Richtung, in die der Wind bläst. Dann setze ich meine Segel, nehme das Steuer bewusst in die Hand und schaue mich im Naheliegenden um.

Und etwas ganz tief in mir weiß, dass das, was sein soll, eigentlich nur das, was wirklich ist, mit dem, was ich will, in Einklang bringen wird. Meine Bestimmung in diesem Sinne ist meine Wiedervereinigung als Mensch mit dem Göttlichen, dem Bedingungslosen, dem Natürlichen, der Liebe oder dem Urgrund, dem Urbewusstsein. Darin findet jeder Geist und jede Seele Frieden. Ich finde darin wieder Frieden! Man kann alles in Einklang bringen, das ist keine Theorie, das ist auch das große Ziel der Meditation.

Haben wir dann keinen freien Willen mehr? Diese Frage ist berechtigt. Nur ist der Wille der Gedanken wirklich frei? Wissen wir, warum wir entscheiden? Entscheiden wir frei darüber, dass wir uns entscheiden wollen? Sind wir unbeeinflusst in unseren Entscheidungen? Jede Entscheidung im Kopf ist das Ende der Freiheit. Wir legen uns auf etwas fest und grenzen damit alles andere aus. Und in diesem unfreien Rahmen entscheiden wir dann immer weiter. Ohne hier eine philosophische Debatte eröffnen zu wollen, weiß ich heute, dass der freie Wille der Wille des Herzens ist. Es ist das, was wir brauchen, was wir zutiefst in uns ersehnen und was auch zu uns findet, wenn wir dieser Stimme folgen. Dazu muss der Kopf sie aber auch hören. Dieser Wille ist frei, es ist ein kreatives Fließen, ein Sich-Hingeben, ohne zu überlegen – so wie ein Maler nicht über jeden einzelnen Pinselstrich vorab entscheidet und ganz im Malen aufgeht. Damit ist der Verstand wieder nur ein Werkzeug, aber nicht mehr unser Wagenlenker. Natürlich möchte unser Ego aber nicht nur ein Werkzeug sein und kein Aufpasser bestenfalls, sondern es will der Herr im Haus sein. Der Richter und Führer. Und wir sind leider auch klug genug, uns einzureden, dass das schon alles richtig so wäre.

Jetzt, da ich meinem Herzen folge, aber gewiss auch meinen Verstand mitnehme, ist das Leben für mich wie Lotto spielen geworden. Doch wo ich früher mit großem Aufwand versuchte, die richtigen Zahlen vorherzusehen oder zu berechnen, finden sie heute von selbst zu mir. Die Gewinnchancen sind ungleich höher geworden. Wo die Vorstellung darüber endet, wie alles sein sollte, könnte oder müsste, genau da beginnen die Bedingungslosigkeit, die Freiheit, das Sein und das Leben im schon erwähnten Hier und Jetzt. Dann ist jede Erfahrung ein Gewinn, und immer mal wieder ist auch ein Hauptgewinn dabei: sechs Richtige plus Zusatzzahl. Nämlich dann, wenn ich tief im Augenblick versinke. Dann ist der kleinste Vogel, der an mir vorbeifliegt, ein Wunder, das mir die Sprache raubt. Was will man dann noch mit einem Lotto-Jackpot von Millionen Euro? So etwas kann man nicht kaufen, für kein Geld der Welt. Lasse ich los und gebe mich dem Gegenwärtigen ganz hin, dann verbindet und verflechtet sich alles auf unerklärliche Weise miteinander. Ein Dasein voller wunderbarer, unbezahlbarer »Zufälle« und Synchronizität. Oft staune ich und fühle mich in solchen kostbaren Momenten wie frisch verliebt. Jedoch umfängt und umhüllt mich heute eine *Liebe* in einer ganz neuen Dimension. Die Welt wirkt wie verzaubert, in allem erschließt sich mir ein großer Sinn, ich fühle mich getragen auf meinem Weg, zu einhundert Prozent meiner Bestimmung folgend. Egal was da an schicksalhaften Herausforderungen vor mir wartet. Ich hatte mir überhaupt nicht vorgestellt, dass das Leben so sein kann. Und das bedeutet wahrlich nicht, dass die Umstände, in denen ich lebe, sich immer einfach gestalten und dass keine großen Hürden zu überwinden sind. Im Gegenteil! Aber ich habe so viel Vertrauen, Urvertrauen gewonnen, dass dies schon eine Gewissheit ist. Alles wird sich fügen, und ich tue, was ich tun kann. Und so habe ich keine Angst mehr. Nicht vor dem Leben, nicht vor dem Tod. Das bedeutet aber auch nicht, dass mir alles egal ist. Alles Lebendige ist mir bewusst und berührt mich sehr tief. Aus meinem Irrweg ist indessen ein Pfad jenseits von richtig und falsch geworden, eine Freiheit im höheren Sinne. Endlich bin ich ganz Mensch, eingewoben in etwas viel Größeres. Und erst aus dieser

Perspektive heraus kann ich dieses Buch schreiben und nun die Erkenntnisse und Erfahrungen im Folgenden teilen. Im Buddhismus gibt es die Konzepte Bodhi und Samadhi, gemeint ist: Erleuchtung oder große Befreiung. Es entspricht dem Satori oder Kenshō im Zen-Buddhismus, dem Mukti oder Moksha im Hinduismus und der Erlösung und gewiss auch dem Bild der Auferstehung bei den Christen. Es gibt viele weitere Bezeichnungen dafür. Über diejenigen, die diese Erleuchtung erlangen, heißt es in einer Redewendung, dass sie vorher *Wasser tragen und den Boden scheuern mussten,* und auch nach ihrer Erleuchtung weiterhin Wasser tragen und den Boden scheuern werden. In diesem Sinne bin ich auch etwas erleuchteter als früher, trage auch nur *mein Wasser* weiter und wische den Küchenboden. Nur völlig anders eben als früher, ohne Eile und ohne dieses Gefühl, diese Tätigkeiten wären nur Zeitverschwendung, und danach ginge es erst mit dem richtigen Leben weiter. Den ganz gewöhnlichen Herausforderungen des Lebens berührt und gelassen ins Auge zu schauen ist nicht das Gleiche, wie die Augen zu verschließen oder die Gedanken unterdessen in die Ferne schweifen zu lassen. Präsent sein sollte man, achtsam und ganz bei sich und dem, was man tut. Je besser das gelingt, umso weiter öffnet sich in der Gegenwart ein Tor in eine unvorstellbare Welt. Die Erfüllung und die Wege, die wir suchen, warten im Augenblick. Nicht in der Zukunft. Was immer wir erreichen, erreichen wir jetzt.

Große Leere in der Welt der Fülle

Jeder Schritt unseres Weges ist also wirklich das Ziel, dann geht der Weg auch von selbst durch uns. Wie aber finden wir unseren pfadlosen Weg in die Gegenwärtigkeit? Wie finden wir uns selbst und unsere Bestimmung wieder? Und was trägt uns über alle etwaigen Stolpersteine und womöglich viel weiter, als wir erahnen wollen? Was war die Antwort für mich? Antwort auf so viele Fragen, die alle der einen großen Frage entspringen:

Wer bin ich und was – um Himmels willen –
mache ich hier?

Was hält uns zusammen, wenn der Leib altert oder schwer erkrankt ist und wir uns Jugend und Gesundheit für die Zukunft nicht mehr erkaufen können? Was verleiht uns noch Auftrieb, wenn wir in den unendlichen Möglichkeiten dieser Welt ertrinken, weil wir keine davon mehr zu fassen bekommen? Was schenkt uns Gewissheit, wenn der Kopf, der zu viel denkt, sich nicht mehr entscheiden kann, wenn er nicht mehr weiß, was richtig oder falsch für uns ist, und unsere Vorstellungen so oft enttäuscht wurden? Welche Freiheit bleibt mir noch, wenn ich alles verliere, von dem meine Freiheit und Hoffnung abhängig ist? Was lässt uns mit einem Strohhut auf dem Kopf und einem Strohhalm im Mund leichtfüßig durch diese Welt wandern, ganz gleich welches Lebenswetter morgen aufzieht? In welchen Hafen können wir einlaufen, wo finden wir Halt, wenn der Anker im Strom des Lebens keinen Grund mehr findet, in den er sich eingraben kann, wenn wir uns mit unseren Händen und Gedanken nicht mehr an anderen Menschen, an materiellen Dingen und alten Gewohnheiten festklammern können?

Wo stehen wir, wenn andere Menschen uns zurücklassen, Beziehungsträume sich nicht erfüllen? Was schenkt uns Frieden, wenn die Welt um uns herum im Chaos versinkt? Nur wir selbst sind die Antwort auf alle diese Fragen.

Wir sind hier, um die Welt zu erleben, wie sie ist. Um uns selbst lebendig und mit anderen verbunden zu fühlen, aber nicht abhängig! Wir sind ganz gewiss nicht hier, um uns alles nur vorzustellen, darüber nachzudenken und zu reden und uns vor jedem Abenteuer zu fürchten. Wir haben nicht dieses tiefe Vermögen zu fühlen, um uns ausschließlich an der Oberfläche und von Oberflächlichem berühren zu lassen und ein bisschen im trüben Wasser herumzufischen. Wir dürfen tief hineinspringen! Wozu sonst ist Tiefe da? Wir wurden nicht mit einem Herzen geboren, das einhunderttausend Mal am Tag schlägt, und das jeden Tag, um uns zu betäuben und unsere Gefühle darin zu unterdrücken. Nur wer in der Tiefe wurzelt, der findet auch Halt und kann wachsen.

»Der moderne Mensch wird in einem Tätigkeitstaumel gehalten, damit er nicht zum Nachdenken über den Sinn seines Lebens und der Welt kommt«,[8] so wird Albert Schweitzer oft zitiert. Doch diesem *Tätigkeitstaumel* geht immer ein *Gedankentaumel* voraus, in den schon kleine Kinder hineingeworfen werden. Sie lernen früh, dass alles einen Preis haben muss, nichts Gegenwärtiges genug sein kann und man auf alles eine Antwort kennen muss … die eine, die richtige Antwort. Diesen Großbrand der Gedanken darum, was alles richtig und falsch ist, und die sich an Millionen von Dingen festhalten wollen, gilt es zu löschen. Dazu gehört das allermeiste von dem, was wir im Leben gelernt haben und für unumstößlich erachten, auch wenn es vernünftig klingen mag, das Leben ist viel einfacher. Denn der lebendige und erfüllte Mensch gleicht mehr einem tugendhaften Kind als einem logischen Vernunftwesen. Wir sind keine funktionierende Maschine, kein Computer, sondern ein lebendiger Organismus, ein Wesen aus Fleisch und Blut, das stehen bleibt, wenn ein zarter Regenwurm seinen Weg kreuzt. Dazu müssen wir nicht vernünftig sein und gute Gründe kennen. Wenn wir uns bücken und das Tier über die Straße tragen, dann offenbart er sich, der Mensch und seine Tugend! In dem Moment, wo er wirklich berührt ist, da weiß er nichts mehr zu denken und zu sagen, da erfährt er, da hilft er, da fühlt er und fühlt mit anderen. Wohin sollen all die vernünftigen Gedanken und die vielen großen Worte führen? Ins Herz gewiss nicht! Dem Herzen

reicht ein kleiner Regenwurm. Vernunft macht selten glücklich, und wahres Glück erscheint selten vernünftig. Die Vernunft hat ihre Zeit, gewiss, aber es ist geradezu unvernünftig, ihr zu viel Zeit einzuräumen. Wir haben uns als Kultur unseren Vorstellungen gemäß eine Parallelwelt erschaffen. In dieser benötigen wir Regeln und Vernunft, aber wenn wir ganz in dieser Welt leben, leben wir nur in Vorstellungen. Was nützen mir das anspruchsvollste Bühnentheater und aller Fortschritt, wenn ich nicht auch einem Vogel oder einem ganz normalen Menschen Applaus spenden möchte? Was nützt es, das Wahre und Schöne in Gedanken zu wissen, wenn das Wirkliche nicht mehr als das Wunder erfahren wird, das es ist?

Wenn du morgen am Meer sitzt, vielleicht zusammen mit Menschen, die du liebst, was vermisst du dann noch von allen Dingen und Gedanken, die du heute dein Leben nennst? Vernunft macht selten glücklich, und wahres Glück erscheint selten vernünftig.

Die stärkste Kraft, die uns innewohnt, ist die natürliche Ur-Kraft unserer Gefühle. Sie ist es, die einen Menschen mit einem kurzen Gefühlssturm in einem einzigen Augenblick allumfänglich verändern und aus alten Bahnen und Routinen katapultieren kann. Ein Gefühl vollendet mit einem Fingerschnippen, wofür wir unendlich viele vernünftige und abwägende Gedanken brauchen. Ein einziges tiefes *unvernünftiges* Gefühl und wir waren als Kinder und Jugendliche in der Lage, alle Vernunft, alle Ängste, alle Zweifel und jeden Besitz zurückzulassen, um mit dem Leben durchzubrennen, einem Schmetterling nachzujagen oder in eine Pfütze zu springen. Und genau davor haben wir jetzt so viel Angst, dass sie oft der Furcht vor einem Säbelzahntiger gleicht, wie wir uns auf der anderen Seite nach diesem »Kontrollverlust«, nach diesem Feuer, dieser Leidenschaft, Freiheit, Leichtigkeit und Unvernunft sehnen. Dabei sind wir aber keine naiven Kinder mehr, sondern haben zusätzlich nun den Verstand. Eigentlich sollten wir viel mehr erfahren dürfen. Dieses Gefühl, diesen einzigartigen Funken und Kick wollen wir wieder erleben, aber meist nur noch unter kontrollierten Bedingungen. Das kann nicht auf Dauer funktionieren. Und so wagen wir Bungee-Sprünge von Brücken oder mit dem Fallschirm aus Flugzeugen, anstatt bei Regenwetter in Pfützen zu hüpfen. Ein einziger Luftsprung vor Überwältigung würde jeden Bungee-Sprung überflüssig machen! Zu viele Überzeugungen, Regeln, Vorstellungen, Pläne, zu viele Gedanken sperren uns in uns selbst ein. Das unglaubliche Leben passiert in jedem Moment, während wir oft jahrelang nach Wegen suchen, wieder mehr zu leben und irgendwo anzukommen und *uns* zu spüren. »*Leben ist das, was passiert, während du fleißig dabei bist, andere Pläne zu schmieden*«, sagte John Lennon ganz treffend. Der Mensch plant, Gott wartet.

Wäre die Einsicht, viel unvernünftiger zu sein, also nicht wahrhaft vernünftig? Und wenn wir dann noch begreifen, dass wir eigentlich gar nichts wissen, dann kämen wir unserer Wahrheit schon ganz, ganz nahe.

Eigentlich sind wir freier als alle Menschen vor uns, meinen wir. Aber wie frei sind wir tatsächlich, wenn alle Freiheit nur von Privilegien und glücklichen Umständen abhängt? Wenn wir alles verlieren, wir keine Pläne mehr haben, was bleibt den ungezügelten und haltlosen Gedanken dann noch, außer Panik vor dem absoluten Macht- und Kontrollverlust und dem Untergang in der Bedeutungslosigkeit?

Wir selbst bleiben!

Und wir haben und sind so viel mehr, als wir uns vorzustellen vermögen. Uns umfängt ein Zauber, den wir oft Herzschlag um Herzschlag und Gedanke um Gedanke vergessen haben. Wie unvernünftig!

Also mach dich »auf«!

Nur wenn wir wirklich wieder bei uns selbst ankommen, dann kann uns auch finden, was zu uns gehört. Das Nichts, in das wir fürchten hineinzufallen, wenn wir alles Bekannte, Gedachte und alle Pläne loslassen und endlich unser eigenes Schicksal dem Schicksal der Welt in die

Hände legen, wenn wir uns dem Unvorstellbaren, Unvermeidlichen und unseren Gefühlen wieder ganz hingeben, dann stellt sich dieses Nichts als absolute Fülle und Vollkommenheit heraus! Und damit ist dieses Nichts die größte Lüge der Menschheit. Es ist unsere tiefe Wahrheit, unsere wahre Größe. Diese Lüge vom Nichts, die Überzeugung vom Mangel im Sein, die Angst vor dem Kontrollverlust und Untergang ist der Treibstoff für den Motor, der uns immer weiter in Gedankenschleifen, Teufelskreisen und Hamsterrädern herumrennen und -irren lässt. Was bleibt, ist eine Spur der Verwüstung in der Welt draußen genauso wie im Innersten unserer Seele. Um in der Lage zu sein, sich wieder sich selbst zuzuwenden, dazu muss man erst einmal das Problem vollumfänglich erkennen. Dies ist der erste Schritt: Begreifen, dass noch mehr Denken und Wissen nicht die Antwort ist, dass Mut die Antwort ist, aus dem Gedankenstrom auszusteigen und seinen Gefühlen wieder zu trauen. Dazu möchte dieses Buch Mut machen.

Ich glaube, das ist es, was mich eigentlich immer ausgemacht hat. Lange war ich davon überzeugt, dass ich nichts richtig kann, nirgendwo hineinpasse, zu kompliziert und zu verkopft bin, nicht genug fühle. Aber in den entscheidenden Augenblicken bin ich immer meinem Herzen gefolgt und nie der Vernunft. Habe gegen alle Logik Jobs und Sicherheiten hingeworfen, um dem Ruf des Abenteuers zu folgen, dieser Stimme in mir, die eine andere Freiheit suchte. Und diese Erfahrungen selbst ließen mich wachsen, machten mir immer mehr Mut, nirgendwo hängen zu bleiben, mich nicht abzufinden mit Situationen. Aus diesem Mut wuchs Vertrauen. Und aus dem Vertrauen wuchs Gewissheit – die Gewissheit, dass es hier nichts zu verlieren gibt, sondern nur zu gewinnen. Erfahrung! Selbsterfahrung und am Ende die Erfahrung Gottes. Es ist alles Wesentliche in uns. Was uns wirklich trägt, was uns Halt gibt und erfüllt, sind wir selbst. Und alles Weitere findet uns dann auch. Diese Schöpfung ist so unvorstellbar größer, das hier ist alles so viel mehr … was uns im Weg steht, sind begrenzte und *vernünftige* Vorstellungen und Ängste. Das ist alles.

Die Lösung ist: Gib dich dem hin, was ist. Und das muss man üben. Das Loslassen im Vertrauen ist eine Konsequenz des Weges, aber niemals ein Ergebnis, das sich mit Gewalt herbeiführen ließe. Vertrauen beginnt mit der Einsicht, dass Misstrauen sich immer selbst bestätigt. Man beginnt mit dem Vertrauen am besten heute, indem man Gedanken darüber loslässt, was gestern war oder womöglich morgen werden könnte. Einfach für eine Weile *mit allem einverstanden sein*. Und dann morgen weiterüben. Wenn morgen *heute* ist und *jetzt*. Dann fühlt man das Rechte immer mehr, und Veränderung geschieht dann ohne Zweifel.

Spürst du diesen Frieden in dir, wenn der Kopf schweigt, ganz gleich wie die äußeren Umstände sich gestalten? In dieser Stille erscheinen dann alle Antworten ganz von selbst, als Gewissheit, als Gefühl. Was fühlst du jetzt gerade? Bist du im Kopf und denkst nach? Was sagt dein Bauch? Schau dich doch mal um. Hast du das Gefühl, dass du gegenwärtig bist? Was würdest du als Kind jetzt entdecken und erleben in diesem Augenblick?

Es muss nicht das Meer sein, auch kein Sonnenuntergang … allein diese Buchseite hier. Darin ist so viel mehr zu entdecken als nur der Inhalt von Worten. Streiche mal über das Papier. Und dann schau auf deinen Finger. Ich mache das gerade, schreibe eine Zeile, nehme ein Buch in die Hand. Es ist unglaublich, wenn man sich darauf einlässt. Ein Blatt Papier und ein Finger … dein Finger, mein Finger! … das ist in sich mehr als alle Gedanken jemals verstehen könnten. Aber sofort kommen sie und widersprechen oder nörgeln oder wissen alles besser. Gar nichts wissen wir!

Alle Gedanken kreisen nur um den Augenblick herum, aber im Augenblick können sie nicht verweilen. Im Auge des Gedankensturms ist eine tosende Stille. In dieser Wirklichkeit können sie nicht sein. Alles müssen sie beurteilen und verstehen, über alles müssen sie aus der Distanz werten, alles muss der Vorstellung entsprechen und widerspruchsfrei sein. Wie kann es in der Welt der Vorstellungen unvorstellbare Wunder geben? Alles, was du jetzt über deinen Finger, über dich, über das Buch oder deine Umgebung denkst, hat nichts mit der Wirklichkeit zu tun, du bist in dem Moment nicht im Kontakt mehr mit ihr.

»Gott ist tot! Und wir haben ihn getötet«, schrieb Friedrich Nietzsche in *Die fröhliche Wissenschaft.* Das, was ist, ist für mich Gott, auch das, was wir sind. Die Religion aller Religionen, der Glaube allen Glaubens. Was Gott getötet hat, ist das Denken selbst. Aber dass Gott tot sei, das denken auch nur die Gedanken. Bis sie nicht mehr so viel denken und verstehen, dass sie nichts wirklich verstehen.

Was du ändern kannst, wirst du ändern. Warum sich so viele Gedanken machen. Was nicht zu ändern ist, ist nicht zu ändern, es wird dich verändern, wo noch Veränderung notwendig ist und du sie zulässt. Wie gerecht oder ungerecht ist diese Welt zu dir? Ist sie dir wohl gesinnt oder bist du ihr völlig gleichgültig? Was, wenn sie dir so begegnet, wie du dir selbst begegnest? Was wenn du die Wirklichkeit kaum mehr aushältst, weil sie alles in Stücke reißen würde, was wir uns mühsam als Welt- und Selbstbild konstruiert haben?

Das wäre nicht schlimm, und es wäre auch nicht das Ende des Denkens. Es wäre aber das Ende von unvernünftigem Denken.

Spürst du dich? Fühlst du dich lebendig, zu Hause, angenommen und geborgen in deinem Leben? In dir selbst? Oder vor allem in deinem Kopf, eingebettet in deine täglichen Routinen und Pläne? Erprobtes Motto: Sicherheit statt Geborgenheit oder Überschaubarkeit statt Grenzenlosigkeit. Gönnst du dir maximal homöopathische Dosen an Gefühl, Wunder und Abenteuer? Und wenn du sie nicht selbst erleben kannst, dann wenigstens noch im Internet oder Fernsehen. Ist das die Antwort?

Der Schritt aller Schritte zurück in die Wirklichkeit: Lass dich du sein, du bist genug. Und lass die Welt die Welt sein. Vergib dir und den anderen. Betrachte die Vergangenheit nicht weiter durch die Brille der Gegenwart, in der du nur aus heutiger Sicht die Konsequenzen von Entscheidungen, Handlungen erkennen kannst. Lerne stattdessen aus der Vergangenheit und früheren Entscheidungen und handle in Zukunft bewusster und mutiger. Aber dann lass die Vergangenheit los. Und lerne deinen Verstand zu bedienen, sonst verselbstständigt er sich. Wohin haben uns unsere klugen Gedanken bisher gebracht? In immer komplexere Aufgaben, immer tiefer in den Kopf hinein. Ist es da schön? Und sind das eigentlich alles deine eigenen Gedanken, die da in deinem Kopf herumschwirren und dich davon abhalten, einem wunderschönen Schmetterling nachzujagen?

Und sie dachten, sie wären frei. Dabei dachten sie nur die Gedanken derer weiter, die ebenfalls dachten, dass sie frei wären.

Jeder scheint eine Meinung und einen Plan zu haben, aber keiner weiß eine Lösung für die Herausforderungen unserer Zeit. Alle haben in erster Linie Argumente, die die Argumente aller anderen widerlegen. Die Menschen sprechen oft nicht mehr wirklich miteinander, sehen sich nicht mehr wirklich, berühren sich nicht mehr. Verschweigen ihre Ohnmacht und Angst, sprechen nur noch übereinander, durcheinander und gegeneinander. Sie streiten über Meinungen und angebliche Fakten. Gefühle bleiben dabei auf der Strecke, dabei würden die meisten sie gleichermaßen fühlen, würden sie denn fühlen. Dann würden sich die Menschen verstehen, weil sie das Gleiche fühlen, nicht nur weil sie das Gleiche denken. Und jeder denkt von sich schnell, er sei ein Ausnahmefall. Und so können sich letztlich immer diejenigen Gehör verschaffen, die wenigstens im Chor miteinander das Gleiche und am lautesten schreien – es müssen nicht einmal Fakten, Argumente, Pläne, geschweige denn Lösungen sein. Es klingt nur wie die Wahrheit, weil es laut ist und aus vielen Mündern tönt. Die Welt ist zu komplex für so einfache Wahrheiten geworden? Nein, die Wahrheiten sind zu komplex für uns einfache Menschen geworden. Für Menschen, die sich in oberflächlichen Beziehungen, unverbindlichen Gemeinschaften, kaputten Familien verloren haben und die als Arbeits- und Konsummaschinen in der weiten Welt kläglich darin versagen, ihre Einsamkeit und ihre menschlichen Grundbedürfnisse komplett zu unterdrücken. Die in der ganzen scheinbaren Überfülle unserer Welt darum ringen, nicht am Ende nur noch komplett leer zu sein.

Dabei müssten wir uns nur alle wieder finden und öffnen und diese Fülle in uns einströmen lassen uns endlich *aufmachen!* Ohne Furcht und Angst. Dazu muss man auch einiges aushalten. Gefühle aushalten, die auch mal nicht so schön sind. Und doch sind es nur Gefühle. Die tun nichts. Die drücken auf die Tränendrüsen, auf die Herzmuskeln, und oft lassen sie uns ratlos zurück. Das auszuhalten, darum geht es! Mal keine weitere Lösung, keinen neuen, besseren Plan parat haben zu müssen. Auch beim Mitfühlen nicht! Einfach da sein. Für uns. Für andere. Nicht im Kopf. Im Herzen! Dann liefern die Gefühle oft von selbst Lösungen und Antworten, mit denen wir nie gerechnet hätten. Dann geschehen Wunder. Dann handeln wir bedingungslos, tugendhaft und versuchen nicht nur, alles richtig zu machen, weil die Vernunft es gebietet. Gut gemeint ist selten gut! Und erst darin offenbart sich das Göttliche und zeigt uns, wozu es noch so imstande ist. Alles, was wir hier fühlen sollen, und oft nicht fühlen wollen, wartet nur darauf, gefühlt zu werden. Nicht darauf, verstanden zu werden. Und ist es gefühlt, dann geht es und macht neuen Gefühlen Platz. Wo die Schatten durchwandert sind, da scheint nun mehr ein ganz anderes Licht. Und in dieses Licht darf man seinen Fuß setzen, und es wird uns alle tragen!

SICH VERLIEREN,
UM SICH ZU FINDEN

»Lerne loszulassen. Aber lerne auch,
nicht mehr jedes Paket anzunehmen, das vor
deiner Tür abgelegt wird. Ganz gleich wie schön
eingepackt es daherkommt.«

Es ist kurz nach sechs Uhr morgens. Eigentlich beginnt dieser Tag wie jeder andere, nur ein paar Stunden früher. Ich hatte es tatsächlich vor dem Sonnenuntergang ins Bett geschafft, entsprechend früh bin ich wach. Die Energie im Raum, die ich gerade spüre, ist eine ganz besondere. Ich setze mir Kaffee in einer kleinen Mokkakanne auf und schneide einen Apfel in zwei Hälften. Hinter mir an der Küchenwand hängt ein großer Kalender der *Osho Times*[9], einem Print-Magazin, für das ich gelegentlich Artikel schreibe. Osho war ein indischer Philosoph und Begründer der Neo-Sannyas-Bewegung. Laut diesem Kalender befinden wir uns noch im März, doch inzwischen ist längst Mai. Mich spricht aber Oshos Zitat vom März ganz besonders an, es fasst das Wesentliche wundervoll zusammen:

»Du kannst nur dann im Ganzen
verwurzelt sein,
wenn du dich selbst verlierst;
anders geht es nicht.«

Meine Gedanken und Gefühle dazu trage ich zusammen mit einer Espressotasse auf den Balkon hinaus, drehe mir eine Zigarette, setze mich in den großen Korbsessel und gebe mich ein Stück mehr dem Gefühl und der Schwingung hin. Irgendwie muss ich beschreiben, was das ist. Das beste Wort scheint mir: Energie. Es würde auch passen, wenn ich über ein Gefühl der Transzendenz schreibe. Mir kommt es vor, als sei alles durchscheinend, transzendent, leuchtend und so klar wie ein Diamant. Mir fehlt etwas an Oshos Zitat. Ich versuche zu greifen, was es genau ist, dann formuliere ich um:

»Du kannst nur dann IN DEINEM Ganzen
verwurzelt sein,
wenn du dich selbst verlierst;
anders geht es nicht.«

Solange ich davon überzeugt bin – und das ist mir bei vielen Menschen begegnet –, dass ich nur ein kleines Blatt bin, das dem Wind auf Gedeih und Verderb ausgeliefert ist, das mit etwas Glück vielleicht eine schöne Form hat und einmal irgendwo ankommt, so lange wurzele ich auch nicht in meinem großen und unbeschreiblichen Ganzen, im Kreislauf aller Dinge, im Weltengeäst, in meiner wahren Natur. Wenn wir unsere Bestimmung gefunden haben – und das kann alles sein! –, dann sind wir erfüllt und suchen und irren nicht mehr herum und fühlen uns getragen. Dann lesen wir auch nicht solche Bücher, richtig? Dann sind wir ganz Mutter oder ganz im Job. Doch was für den einen richtig sein mag, muss nicht für jeden passen. Wir werden nicht ankommen, wenn wir anderen nacheifern, weil sie vielleicht erfüllt scheinen.

Solange wir denken, es wäre auch unser Weg, uns hineinzuträumen, uns das vorzustellen und zu versuchen, es zu verwirklichen, stehen wir uns mit diesen Gedanken meist nur selbst im Weg, und damit unserem Herzensweg. Dann fühlt sich das, was man im tiefsten Inneren wirklich will, womöglich sogar gänzlich falsch an. Die anderen haben ein Stadthaus mit Garage, wie kann ich da im Wald wohnen wollen? Die anderen haben Familie, wie kann ich dann alleine glücklich sein? Das sind nur plakative Beispiele für Denkmuster. Aber was, wenn es für deine wahre Essenz gar keine Schublade gibt, in die der Kopf versucht, alles hineinzustopfen. Vielleicht bist du zur Schamanin berufen oder zur Schmetterlings-dompteurin und könntest darin die Verbindung zu allem erfahren? Vielleicht macht das für keinen anderen Menschen Sinn, nur für dich? Aber mit den Gedanken der anderen im Kopf und ihren Wünschen und Zielen, wie sollst du da jemals bei dir und in allem ankommen?

Der König Midas aus der griechischen Sagenwelt wünschte sich einst in seiner Dummheit und Gier, dass alles, was er berührte, zu Gold würde. Und so geschah es auch. Er verhungerte fast, da selbst sein Essen und Trinken zu Gold wurden. Und so flehte er zu Gott, dieser möge ihm diese vermeintliche Gabe und all seinen Reichtum wieder abnehmen. Ganz ähnlich geht es Menschen, die alles verstehen und sich vorstellen wollen. Vor ihren Augen wandelt sich am Ende das Große und Ganze zu Millionen verstrickten Gedanken, und die Seele verhungert und verdurstet, ganz gleich wie groß und bedeutend diese Gedanken sind. Wenn der Kopf den Weg schon kennt und alle Ziele weiß, dann ist das ein Weg, den andere gegangen sind. Unser Weg beginnt wieder mit dem nächsten vertrauensvollen Schritt in die Luft ... im Unvorgestellten. Hier war noch keiner mit der Machete, hat eine Schneise geschlagen und dann einen Weg asphaltiert. Wir sollen und dürfen auch auf alten Wegen wandeln, doch immer wieder müssen wir selbst die Machete ziehen und uns ins Gebüsch schlagen. Auf den alten Wegen finden wir nichts Unvorstellbares mehr, dort wurde alles schon gefunden, benannt und verteilt. Ob richtig und gerecht, spielt keine Rolle. Dort heißen die Amseln nun Amseln und sind einfach nur unspektakuläre Vögel. Dort sucht man den einen Lebenspartner, mietet sich ein oder baut sich was und arbeitet.

Mein Balkon liegt auf der Rückseite eines Mehrfamilienhauses, ich kann direkt auf eine bunte Blumenwiese hinabschauen. Ich könnte locker hinunterspringen, was ich auch schon gemacht habe, als mein Handy hinunterfiel, nur kam ich von dort nicht wieder hoch.

Wenige Meter entfernt hüpft eine Amsel durch das Gras, bleibt stehen und schaut mich an. Ich spüre, im ersten Moment will sie wegfliegen, und sage: »Nein, bitte bleib, alles ist gut!«. Sie bleibt. Die Amsel kommt näher, pickt mit ihrem orangefarbenen Schnabel im Boden herum, springt dann auf die kleine Mauer unter meinem Balkon und fliegt hoch aufs Geländer. In Momenten wie diesen, wo ich wirklich präsent und gegenwärtig bin, also ganz bewusst bei dem, was da vor mir ist, begreife ich vollumfänglich, was es heißt, sich selbst zu verlieren und wieder im Ganzen zu sein. Und es gibt immer mehr davon. Es wird still im Kopf, und die kleinen Wunder rauben mir die Sprache. Dann werden aus ihnen immer größere Wunder. Ich tauche ein in das, was geschieht, in dem auch ich nur geschehe. Ich werte nicht, urteile nicht, will nirgendwo anders hin und vergesse einfach mal, was an Herausforderungen drin auf meinem Schreibtisch liegt oder im Briefkasten wartet. Ich tanke dann auf, lasse alles los. Wie eine Meditation bei jedem Schritt, ohne gekreuzte Beine, ohne Atemübungen, einfach sein, ohne Absicht. Nichts wollen, nichts müssen. Und so ist dann eine Amsel da, und plötzlich habe ich ein Thema für das Buch, eine Geschichte, die beschreibt, was ich erfahre. Mir ist übrigens nie zuvor aufgefallen, dass Amseln nicht nur einen orangefarbenen Schnabel besitzen, sondern auch einen kleinen Ring um ihr Lid in der exakt gleichen leuchtenden Farbe. Er umrandet die winzigen schwarzen Augen, mit denen der Vogel mich gerade anschaut. Die Amsel kommt jeden Tag auf meinen Balkon. Ich nehme jedenfalls an, dass es sich immer um denselben Vogel handelt. Sie scheint im Efeu zu brüten, der an der Hauswand gegenüber in die Höhe klettert. Vor ein paar Wochen hatte ich sie beim Nestbau überrascht, sie war spürbar unzufrieden über meine Anwesenheit gewesen. Also bat ich sie zum klärenden Gespräch. Ich sagte ihr, dass es schon in Ordnung sei, wenn sie sich derart nah an meinem Fenster um die Zukunft ihrer Kinder kümmern würde, aber das bitte unter der Bedingung, dass ihr Nachwuchs mich dann nicht jeden Morgen um vier Uhr dreißig aus dem Bett schreien würde. Das war unser Deal, und so weit kommen wir auch klar. Bisher höre ich nichts und schlafe durch.

Nur eine kleine Amsel, mag man meinen, eine von unzähligen Amseln, aber in diesem Augenblick erfüllt sie mich mit tiefster Demut, wie sie da auf dem Geländer vor mir sitzt. Sie hält mir vor Augen, dass ich trotz meines Verstandes überhaupt keine Ahnung habe, was diese Welt hier wirklich ist. Dass ihr Leben und mein Leben verbunden sind in einem großen Ganzen. Sie zu beobachten lässt mich im Hier und Jetzt sein, ganz in diesem Moment. Der Moment erinnert mich sehr an meine Zeit allein auf dem Atlantischen Ozean. Ein Wal von über acht Metern Länge begleitete mein Ruderboot über zwei

Wochen lang. Eines Morgens tauchte er direkt neben dem Boot auf, und wir schauten uns beide lange in die Augen. Es war das gleiche Gefühl der Demut, das ich mit der Amsel habe. Ein Raum des Staunens tut sich dann auf und zugleich ein tiefer Frieden, das Gefühl, verbunden und geborgen zu sein.

Wenn ich auf Vorträgen über den Wal spreche, Videos und Bilder von ihm zeige, dann ist es spürbar, wie die Zuhörer ebenfalls die gleiche Demut ergreift. Es ist dann immer sehr still in den Sälen. Aber eine Amsel? Wie käme ich mit einer Amsel auf eine Abendbühne? Geschweige denn, in eine Keynote bei einem großen Unternehmen. So ein kleiner Vogel, einer von vielen, ist doch nichts Besonderes. Dann lieber haushohe Monsterwellen, Haie, Wale und die nächsten Pläne für den Mount Everest. Dass ich die Worte *Erleuchtung* und *Gott* in den letzten Jahren so oft in den Mund genommen habe, hat mich ohnehin schon die Karriere als seriöse Extremsportlerin und Motivationsexpertin gekostet. Als Guru tauge ich aber auch nichts, also schauen wir mal, wo diese Reise hingeht. Zurzeit überlege ich, ob ich einfach mit dem Rucksack in den Sonnenuntergang marschiere oder lieber in den Sonnenaufgang … Es riecht in jedem Fall nach Veränderung.

Der amerikanische Schauspieler Jim Carrey brachte es einmal großartig auf den Punkt, indem er uns Menschen wünschte, dass wir einmal alles erreichen mögen, was wir uns als Reichtum erhoffen und erträumen, was uns Abenteuer, Freiheit und Erfolg verspricht. Damit wir dann endlich erfahren könnten, dass das allein *nicht die Antwort ist.*

Gewiss ist so eine kleine Amsel im Garten schon ein großer Teil der Antwort. Die gewöhnlichen Dinge, deren Ungewöhnlichkeit man wieder gewahr wird, auf dem pfadlosen Weg zu sich selbst und in die Gegenwart. Und so ist eine Amsel am Himmel auch nicht mehr oder weniger als ein Wal im weiten Ozean oder als ein Mensch eben. Man sieht Wale eben nur seltener. Wären Wale in unseren Blumenbeeten im Garten unterwegs, dann wären sie uns auch eher lästig. Und wären Amseln seltene Seevögel und wir könnten irgendwo Boote zum Amsel-Watching chartern, jede Wette, es wäre ein beliebter Geheimtipp! Jeder würde es gerne machen wollen, auch wenn man nicht wirklich viel dabei sieht. Jeder Regenwurm ist in sich ein Wunder von der Größe eines Blauwals, auch wenn es verrückt klingt. Und das gilt auch für dich!

Man gewöhnt sich einfach an das, was man hat. Also will man bald mehr oder anderes. Und die Gewöhnung ist immer auch ein Vergessen all dessen, was es noch darin zu erfahren gäbe. Aber wir können uns natürlich auch einfach damit abgeben, alles zu wissen und zu verstehen, nur dann hören wir im Frühjahr irgendwann keinen Vogelgesang im Garten mehr, sondern nur noch Vögel, von denen wir wissen, dass sie gerade nach einem Sexualpartner rufen oder Hunger haben. Und dann machen wir uns auf die Suche nach etwas Neuem, das wir noch nicht gesehen haben und das uns begeistert und jubeln lässt.

> Wir Menschen haben das Staunen über das Leben und die Welt verlernt. Alles andere sind nur komplizierte Ausreden und kryptische Diagnosen. Das Staunen heilt uns und die Welt mit Dankbarkeit, Demut, Achtsamkeit, Mitgefühl und Liebe … Gefühle, die alles klar und einfach machen, anstatt Gedanken und Informationen, die alles immer weiter verkomplizieren.

Natürlich können wir die ganze Natur zerlegen, sie zu einer Quantensuppe aus Elementarteilchen zerkochen, aber wir werden mit dem Kopf das Wunder des Lebens und der Welt niemals begreifen, nicht einmal eine einzige kleine Amsel! Nicht mal einen Kieselstein, der mehr wiegt als alle unsere Gedanken zusammen. In einem ihrer späten Gedichte beschwor uns Hilde Domin, nicht müde zu werden. Wir sollen vielmehr, so schrieb sie, »dem Wunder leise, wie einem Vogel die Hand hinhalten«.[10] Und mit der Zeit wird das Wunder zutraulicher und größer. Ganz von selbst.

Der Verstand ist der Ozean, in dem sich die Welt spiegelt. Je angestrengter er versucht, die Wellen zu glätten, um die Schönheit des Abbildes zu erkennen, umso höher schlagen sie. Er ist so sehr in dieses Spiel versunken, dass er nicht bemerkt, dass diese Welt als Wunder der Liebe bereits vor ihm liegt und nicht in seinem Wasser treibt. Das Wunder schreit nicht, es ist sanft und leise und doch darin so unendlich tief. Je mehr wir unsere wahre Natur durchdringen, umso stiller wir werden, desto tiefer können wir es erfahren. Das Weniger wird mehr; Tiefe statt Oberflächlichkeit.

Was immer ich bin, ich bin es erst, wenn ich mich wieder verliere in dieser tosenden Stille. Osho hatte da völlig recht in dem Kalenderzitat. Wenn ich alles auch mal wieder eine Weile loslasse, was ich da über Jahre »meine Wahrheiten« nannte, und einfach eintauche in dieses unvorstellbare Wunder, das da ist, *dann wurzele ich wieder in meinem Ganzen.* Dann bin ich kein Mensch mehr, der in Schubladen passt, dann bin ich kein Name mehr, keine Erklärung, keine Erwartung, entspreche keinem Ideal mehr, sondern bin vollkommen und mit allem verbunden, in einem vollkommenen Augenblick. Dann ist alles *eins.*

Und dann bin ich sprachlos, ganz gleich, wie viel ich weiß und rede.

Denn im Grunde weiß ich gar nichts. Die Welt passt nicht in den Kopf, der Kopf ist nur ein kleines Ding in der Welt. Menschen, Vögel, Welt …, was ich jetzt erfahre, ist etwas anderes, es ist ein Mysterium. Und ich erfahre es jeden Tag und jeden Tag mehr. Die ganze Schöpfung, ein einziger Strom an Unvorstellbarkeiten.

Und darin drehen wir alle unsere Kreise und versuchen gegen den Strom zu schwimmen.

Wie der Narr im berühmten Beatles-Song, von John Lennon und Paul McCartney geschrieben, »The Fool on the Hill« komme ich mir vor, der einfach auf seinem Berg sitzt, still ist und die Sonne wieder untergehen sieht.

Das mache ich auch, inzwischen am Schreibtisch, mit einem Notebook vor mir, in das ich diese Worte schreibe. Und die Amsel hüpft auf dem Fensterbrett hoch und runter, direkt hinter dem Bildschirm, und meckert mich durch die Fensterscheibe an. Ich sitze hier, zucke mit den Schultern und tippe. Muss man das verstehen? Muss man sich verstehen?

Wissen ist gewiss Macht. Aber zu viel Wissen ist Ohnmacht. Wir sollten uns stets gewahr sein, dass wir eigentlich nur sehr wenig verstehen können, und diese Einsicht ist, so finde ich, eine wirkliche Weisheit. Wir grübeln sonst nur noch, aber machen nichts mehr. Und die Welt macht nichts mehr mit uns. Ganz gleich, wie viele Bücher wir lesen und wie viele Antworten Google parat hat, wir bleiben unwissend. Das Verstehen ist nur ein Bruchteil des Ganzen. Die einzige Wahrheit ist das, was ist. Der Kopf kann uns helfen, Wege zu meistern, Probleme zu lösen, aber er sollte irgendwann auch mal aufhören, sich selbst immer mehr Probleme zu erschaffen, nur damit er weiter Dreh- und Angelpunkt der Welt sein kann. Am Ende dreht er sich nur noch um sich selbst. Dann denken Gedanken über die Natur von Gedanken nach. Dann steckt man schnell im spirituellen Hamsterrad, in der Erleuchtungsfalle oder will nun auch noch die Probleme der ganzen Welt lösen, während wir über das Naheliegende trampeln.

In einer Zeit, in der wir in Informationen und Fakten zu ertrinken drohen, wo alles vergeistigt wird, geraten das uns Nächste, das Wesentliche und Offensichtliche direkt vor unseren Augen aus den Augen. Der Geist vergreist, doch emotional bewegen wir uns oft noch auf den Bahnen von Heranwachsenden. Die einfachen Bedürfnisse gehen in den Fluten endloser Gedanken unter. Mit Ausnahme spektakulärer Momente hat das Denken unser ganzes Sein okkupiert. Wenn wir Dinge oft genug gedacht haben, manifestieren sie sich als feste Überzeugungen, sie werden zu neuronalen Super-Datenautobahnen im Gehirn, die wir stets zuerst befahren, um Situationen möglichst schnell einschätzen und bewerten zu können. Was wir wiederholt denken, wird das, woran wir glauben, und bestimmt am Ende leider auch, wer wir sind und wie wir leben. Sind wir erst einmal davon überzeugt, dass wir nichts taugen oder uns noch mehr anstrengen müssen, fahren wir im Kopf auf dieser Autobahn im Kreis, und das immer schneller. Die zarten Gefühle und die aufregenden Momente des Lebens werden mit den Planierwalzen der Getriebenheit und einer Gier nach Erfüllung und Glück dem Erdboden gleichgemacht. Anstatt besonnener und achtsamer zu gehen, wenn uns etwas sanft berührt, wird mehr aufs Gaspedal getreten und alles in einem großen Theater platt gewalzt. Alles muss viel größer erscheinen, als es eigentlich ist. Weil sonst nichts bleibt, außer die wirkliche Leere in sich zu konfrontieren. Echte Wunder, Fehlanzeige. Also konstruieren wir uns welche … dann wird jeder Stein zum Heilstein und jedes Lächeln zur Liebe idealisiert.

In unserem Verstand können wir nie das Unvorstellbare, in unserer Gier nie das Unfassbare, in unserer Angst nie das Unergründliche sein, das wir sind!

Was uns wirklich fehlt, was zählt und wesentlich ist, das hat man in der Übereile, mit der wir oft durchs Leben stürzen, schnell nicht mehr im Blick. Man verrechnet und verzettelt sich leicht. Am Ende verliert man womöglich das Wichtigste überhaupt, nämlich den Kontakt zu sich selbst und seinen Bedürfnissen. Dann wissen wir vielleicht alles über uns und über diese »spektakuläre Welt«, doch wir spüren nichts mehr und wissen mit uns selbst nichts mehr anzufangen. Dann zerstreuen und verlieren wir uns im Außen und in anderen Menschen, fliegen in die fernsten Länder, doch sehnen wir uns mehr und mehr nach einem Zuhause, nach einem Ankommen, nach einem *Ort im Gefühl,* der sich umso weiter von uns zu entfernen scheint, je verzweifelter wir ihn in den äußeren Umständen suchen.

Die Welt können wir nur wirklich erfahren und darin ankommen, indem wir uns auch mit dem Herzen darauf einlassen. Wie der französische Autor Antoine de Saint-Exupéry in seinem viel zitierten Werk *Der kleine Prinz* schon feststellte: *»Man sieht nur mit dem Herzen gut.«*[11] und damit auch für die Gedanken. Wo das Herz verschlossen ist, bleibt allen Sinnen und Gedanken das Wesentliche verborgen.

> Wo die Vorstellung endet, wie alles sein könnte,
> sollte, müsste ..., genau dort beginnt das Leben.

Ich war oft so müde im Leben, doch aus heutiger Sicht scheint es mir, als hätte ich tausend Leben lang nur verschlafen. Als wären meine Pupillen allzu lange trübe an allem Lebendigen vorbeigehuscht, an all den aufgeweckten Dingen dieser Welt, die einen nie schlafen lassen wollten. Ich fühle mich wieder wach und durchdrungen, alles erscheint rein und klar. Alles Gegenwärtige vor meinen Augen lädt mich wieder zu einem Sprung hinein ein, so wie ein See im fernen Gebirge am Morgen, der zum ersten Mal durchschwommen werden will.

Ich gebe mich wieder viel mehr der Welt hin, mit Haut und Haaren. Um mich in ihr geborgen zu fühlen und von ihren vielfach verborgenen, leisen Wundern zutiefst berühren und erwecken zu lassen. Ich bin wieder sprachlos in einer lauten Welt, und ich bin ein Teil von ihr. So viele große und bedeutungsschwere Worte, Versprechungen und Taten, in denen wenig Echtes schwingt. Ich will das Tosen der Stille hören, wenn ich aufmerksam die Wälder durchschreite; will das Zittern der Stille sehen, wenn ich einem anderen Menschen in die Augen schaue; mag das Beben der Stille spüren, wenn ich meine Hände in den nassen Erdboden meines Gartens grabe. Ich bin geblendet und taub von großen Feuerwerken. Danke, kleine Amsel! Mein Herz erkennt auch in dir das Wesentliche wieder, es erkennt darin ein Mosaik des Paradieses. Und in dir und dir und …

Was verbunden ist, ist auch wahrhaftig

Das Wesentliche, das sich mir wieder auftut, das möchte ich gerne *Gott* nennen. Es ist nur ein Wort, es tut nichts! In seiner Sanftheit stark und durchdringend. Wie Wasser, das seinen Weg einfach findet und dabei ganze Gebirge zerteilt. Ich will Gott nicht verbinden mit dem, was Religionen lehren. Ich mag auch das Wort Resonanz sehr als Wort für Gott. Denn es geht darum, sich verbunden zu fühlen, auf der gleichen Frequenz und Wellenlänge zu senden und zu empfangen. In Harmonie sein, gleichschwingen, mit irgendetwas, mit irgendwem und darin mit sich selbst. Und so kann ich in Gott sein, in allem, womit ich verbunden bin. Dann ist alles verbunden und alles auch in mir. Zu Gott zu finden bedeutet für mich, dass ich mich hingebe, in Resonanz schwinge. Dazu brauche ich keine Religion, Hingabe; Vertrauen, Liebe und Mitgefühl, das ist mein tiefer Glaube.

Ich möchte an dieser Stelle über den *göttlichen Funken* in uns Menschen schreiben, der zu einem Leuchten werden kann, wo die dunklen Gedankenwolken in uns abziehen. Und sei es nur vorübergehend oder immer mal wieder. Über dieses Licht und gleichzeitig über die dunklen Wolken und Schatten in mir und in uns allen will ich schreiben. Der Weg zurück zu uns ist auch ein Weg zurück in unsere göttliche Natur. Leider haben uns einige dogmatische Auswüchse der Religionen diesen Weg ziemlich ruiniert.

So gesehen ist es beinahe lächerlich, dass ausgerechnet ich in diesem Buch das Wort *Gott* in den Mund nehme und aufschreibe. Aber hier sitze ich nun vor der Tastatur, vier Jahrzehnte lang mit anderen Plänen im Gepäck. Gerne wäre ich Theoretische Physikerin geworden, Astrophysikerin, Mathematikerin oder wenigstens Zirkusclown. Aber eine, die über *Gott* schreibt? Auf keinen Fall. Das war unvorstellbar!

Weniger verbrannte Worte als ausgerechnet *Gott* hatte ich in den vergangenen Jahren bereits bedient, Worte, denen vielleicht ein gewisser Zauber des Fremden anhaftet. Worte, die noch weitgehend jungfräulich und weniger besetzt sind. Aber ich will mich darin bemühen, alles möglichst schnörkellos niederzuschreiben, was gar nicht in Worte zu fassen ist. Und so nenne ich es in diesem Buch *Gott* und *göttlich. Akausalität, Urgrund, Shiva-Bewusstsein, Liebe, Dao, Brahman, Allah, Jahwe, Nirwana* oder immer wieder *Wunder.* Es meint alles das Gleiche. Ich entscheide mich für das Wort *Gott* als Inbegriff dessen, was mir widerfährt und was ich als die wahre Natur des Menschen erachte, und ich hoffe, du kannst mich verstehen. Auch wenn ich damit Gefahr laufe, dass *Gott* mit noch ganz anderen Worten, wie zum Beispiel *grauer Mann mit Bart,* assoziiert wird oder gängigen Vorurteilen und Widerständen zum Opfer fällt. Ich meine damit die Kraft, die Weisheit, die Wahrheit, in der alle Welten und alle Wesen, alle ihre Gefühle, Gedanken, Vorstellungen und genauso Worte wie Gott entstehen und vergehen. Ich meine das, was ist, die Dinge *a priori,* wie ein Philosoph sagen würde, die Dinge an sich, bevor wir sie im Verstand drehen, wenden und mit Etiketten bekleben. Nichts davon könnte wirklich einen Namen tragen, für dieses Buch aber brauche ich einen, also entscheide ich mich für das Wort *Gott.*

Unter unseren Kleidern sind wir alle nackt.
Hinter unseren Fassaden verletzbar und wund.
Hinter unseren Gedanken vollkommen bunt.
Wir können immer nur so schön sein, wie unsere
Gedanken es uns erlauben.
Wo sie aber schweigen, da sind wir vollkommen.

Und die Wahrheit ist: Ich ringe seit vielen Monaten darum, mein Erleben in dieses Buch zu bekommen. Wenn Freunde mich fragen, wie weit ich mit dem Schreiben bin, weil sie den Abgabetermin kennen, dann erwidere ich in der Regel, dass ich mir wünschte, ich könnte lieber ein Kochbuch schreiben, anstatt die wahre Natur des Menschen zu ergründen und zu erfassen. Wahrscheinlich habe ich schon mehrere Bücher dazu geschrieben, um die Texte anschließend in den Papierkorb zu werfen. Ich habe so viel verloren von mir und meinem alten Leben, um dieses Neue zu finden, das Wesentliche zu erfahren. Und jetzt ringe ich darum, es in die passenden Worte zu fassen.

In Momenten wie diesen hier, wo die Amsel vor mir tanzt, da würde ich am liebsten Gedichte schreiben, dabei kommen Gedanken wie diese heraus:

In jedem Vulkan stülpst du deine Lippen nach außen
und schreist heraus, was in deiner Tiefe verborgen liegt.
Im Gesang der Amsel, da hör ich dich singen;
und flüstern im betörenden Duft des Lavendels.
Wenn ich ganz still bin, dann flüsterst du in mir.
Machst meine Seele betrunken, berauschst mir die Sinne;
oh Liebste, die du in den Wipfeln tanzt,
mit den Vögeln singst, in den Blüten lachst,
schenke mir nach aus deinem Kelch;
lass mich an deiner Liebe ertrinken.
In deinen Armen findet der Unfrieden der Welt

in mir Frieden. Umfangen von deinem Licht
schaue ich gelassen ins Dunkel meiner letzten Nacht.
Durchdrungen von deiner Liebe weiß
ich keinen Anfang und kein Ende mehr.

Wer würde solche Zeilen nachvollziehen können? Aber darin kann ich auf andere Art versuchen auszudrücken, was ich fühle. Da ringe ich darum, meine ganze Seele in ein paar wenige Worte zu bekommen. Und es kann nur irgendwie in Poesie enden, aber schwer in einem Sachbuch. Da will ich eine Blüte beschreiben, aber dann sehe ich auch schon den Ast, dann die Blätter und all die anderen Blüten, den Baum, die Erde mit ihren Menschen, den Himmel, die Sterne. Und dann halte ich besser gleich den Mund und staune über das Wunder einer einzigen Blüte … und über mich selbst, dass ich sie überhaupt betrachten kann.

Ich bin es leid, tausend Teller aufzuessen, nur damit der Magen nicht mehr leer ist. Ich habe es satt, Menschen anzufassen, die sich nicht berühren lassen, und mich von Menschen anfassen zu lassen, die nicht mehr berühren können. Mein Leben ist keine große Leere mehr, in die das gesamte Internet und alle Fernsehprogramme dieser Welt problemlos hineinpassen. Mein Leben ist eine Lust aus der Fülle heraus, die nicht befriedigt oder wie ein Loch gähnender Leere gestopft werden muss. Ein Loch, das nicht gefüllt werden kann, ganz gleich wie viele materielle und virtuelle Dinge und Informationen ich konsumiere und in meinen Geist hineinstopfe. Ich brauche nichts und niemanden mehr, um *ganz zu sein,* aber nur wenn ich ganz bin, kann ich die Fülle von der Leere in der Welt unterscheiden und Menschen ganz anders begegnen, ohne etwas von ihnen zu wollen, ohne abhängig von ihrer »Liebe« oder Bestätigung zu sein. Nur wenn ich bei mir bin, kann ich für andere da sein – und bedingungslos mit ihnen sein. Dann kann ich mit anderen Menschen zusammen fließen, die ebenfalls ihrem Herzen folgen, und ich vereine mich mit ihren Strömen.

Da ist so viel mehr!

Ich habe mir türkischen Schwarztee gekocht. Als ich mich wieder an mein Notebook setze, um weiterzuschreiben, ist der Bildschirmschoner an. Er zeigt das Bild der spiralförmigen Andromedagalaxie, unserer Nachbargalaxie. Es handelt sich bei dem Foto um eine viel kleinere Version eines gigantischen Fotos, das ich immer wieder fasziniert betrachte. Das Original[12] hat eine Auflösung von 1,5 Milliarden Pixeln. Um es in ganzer Größe und auf einmal betrachten zu können, bräuchte es sechshundert Fernsehgeräte in HD-Auflösung! Also zum Beispiel ein Rechteck aus dreißig mal zwanzig Bildschirmen. Ich zoome oft stundenlang in diesem Bild herum, was meinen kleinen, alten Computer ziemlich überfordert. Hinter jedem einzelnen Pixel dieses gigantisch großen Fotos steckt eine unglaubliche Geschichte. Ich möchte dir gerne unsere Geschichte im Kontext des Universums erzählen, denn sie hilft uns vorzustellen, dass wir so viel mehr sind, als wir denken, egal wie viel wir da denken! Komm mit mir zu den Sternen – *per aspera ad astra* –, auch wenn ich keine Astrophysikerin geworden bin. Aber ich habe mir ein paar Teleskope gebaut, groß genug, um zu sehen, worüber ich hier schreibe.

Aufgenommen wurde das genannte Foto allerdings nicht von mir, sondern von der Kamera des Hubble-Space-Teleskops, das sich seit fast dreißig Jahren in einer Umlaufbahn um unsere Erde befindet und in die tiefsten Tiefen des Universums schaut, mit schärferem Blick und tiefer als jedes andere Teleskop auf dem Erdboden, ohne störende Atmosphäre. Vor ein paar Jahren veröffentliche die amerikanische Weltraumbehörde NASA dieses Bild von der Andromedagalaxie. Etwas mehr als zwei Millionen Lichtjahre liegt sie von uns entfernt. Da fliegt also ein Teleskop auf einer Umlaufbahn um unsere Erde, öffnet seine Spiegel, und dann sieht es das Licht einer fernen Galaxie: Licht, das zweieinhalb Millionen Jahre unterwegs war. Also auch ein Blick in die ferne Vergangenheit. Und dieses Teleskop schaut sehr lange in dieses Licht. Über Stunden und Tage. Sammelt auf dem Sensor seiner Kamera jedes einzelne Lichtphoton. Fast jedes leuchtende Pixel auf diesem Bild ist ein Stern. Einer von einhundert Milliarden Sternen, die sich in diesem Bild von Andromeda befinden. Allein das ist unfassbar. In den Fußnoten findet ihr die Links, vielleicht schaut ihr euch das Bild selbst einmal an und schaut dann mal in den Himmel.

Andromeda ist mit einem Durchmesser von 140 000 Lichtjahren und einer Halo, also einem Außenbereich von über einer Million Lichtjahren, etwas größer als unsere Heimatgalaxie, die Milchstraße. Bei beiden handelt es sich um Spiralgalaxien etwa gleichen Alters. Und beide Galaxien bewegen sich auch aufeinander zu. In ferner Zukunft werden sie sich durchdringen und zu einer Galaxie verschmelzen. Ob es dann noch Menschen gibt, nun, das hängt auch ein wenig davon ab, wie weise die Menschheit in den nächsten zehn, hundert oder tausend Jahren agiert.

Mich faszinierte die Andromedagalaxie schon als Kind. Deshalb erzähle ich in meinen Büchern darüber, und auch auf dem Meer war sie mir stets vor Augen. Es gibt kaum Licht- und Luftverschmutzung auf See, man erkennt daher weitaus mehr Sterne, Nebel und Galaxien. Mit bloßem Auge ist sie da draußen in etwa so groß wie der Vollmond. Und was kaum einer weiß, was aber deutlich wird, wenn man bedenkt, dass Andromedas Durchmesser eine Million Lichtjahre beträgt, sie aber »nur« 2,5 Millionen Lichtjahre weit weg ist: Dann müsste sie an unserem Sternenhimmel gewaltig groß sein. Und das ist sie auch! Diese Spiralgalaxie steht an unserem

Firmament und ist mit seiner Halo in etwa so groß wie der Große Wagen, der Teil des Sternbildes Ursa Major, des großen Bären, den viele von uns am Himmel sicher identifizieren können. Trotz der Größe können wir Andromeda ohne Fernglas und Teleskop jedoch kaum ausmachen, weil ihr Licht nicht hell genug ist, gerade in ihren Randbereichen. Aber sie ist da oben! Direkt über uns! Eine riesige Galaxie! Verrückt, oder?

Insgesamt schätzt man, dass sich in nahezu jeder Galaxie unseres Universums etwa einhundert bis vierhundert Milliarden Sterne befinden. Also im Schnitt zweihundert Milliarden pro Galaxie! Und was schätzt ihr, wie viele Galaxien es gibt?

Das Hubble-Teleskop verbrachte viel Zeit damit, möglichst tief ins Universum zu schauen, um auch diese Frage genauer zu klären. Einer seiner tiefsten Einblicke, die wir als Foto vorliegen haben, trägt den Namen *Hubble Extreme Deep Field*[13]. Die Galaxien in diesem Foto sind bis zu 13,2 Milliarden Lichtjahre weit von uns entfernt. Es handelt sich demnach um womöglich einige der ersten Galaxien, die im Universum nach dem Urknall entstanden sind. Jedenfalls nach aktuellen Theorien. Aus Daten wie diesen konnte man errechnen, dass es mindestens einhundert bis zweihundert Milliarden Galaxien geben muss. Mittlerweile wird erwartet, dass es sogar zehnmal mehr sind.[14]

Geht man von zweihundert Milliarden Galaxien aus, mit je zweihundert Milliarden Sternen, bedeutet das nach aktuellen Schätzungen mindestens vierzig Trilliarden Sterne: 40.000.000.000.000.000.000.000 Sterne im Universum! Eher mehr.

In etwa dürfte das fast der Anzahl von Sandkörnern auf der ganzen Welt entsprechen. Jedes Sandkorn entspricht einer Sonne wie unserer! Das ist unser Universum. Etwa 13,8 Milliarden Jahre alt, und neunzig Milliarden Lichtjahre im Durchmesser. Ob es das einzige Universum und das erste ist, weiß man nicht sicher. Aber wir sind jetzt hier. Unter einer Sonne von vierzig Trilliarden Sonnen, du, ich, dieses Buch. Als Wissen und Fakt passt das auf zwei Seiten. Aber begreifen wir es wirklich? Spüren wir, begreifen wir, was das bedeutet, nur weil wir das wissen und vielleicht verstehen?

Wie groß ist die Wahrscheinlichkeit, dass wir beide hier sind? Wie groß ist die Wahrscheinlichkeit, dass du dieses Buch überhaupt in den Händen hältst, dass es etwas anstößt? Das alles ist unglaublich!

Wären ein paar Millionen Jahre nach dem Urknall nur einige Moleküle in eine andere Richtung geflogen, nichts von alldem wäre jetzt da. Du nicht, ich nicht, das Buch nicht, die Erde nicht … Und so spielt es letztlich auch überhaupt keine Rolle, ob wir durch einen Urknall entstanden sind oder ob ein Gott uns erschaffen hat, beides wäre das gleiche Wunder. Und jeder Grashalm ist ein Wunder.

Mich fasziniert, wie wir uns mit Mathematik diesem Urknall vor Milliarden von Jahren bis auf den Bruchteil einer Sekunde annähern können. Aber den Urknall selbst können wir nicht begreifen. Wie aus dem Nichts etwas entsteht. Es ist ein Wunder, ob wir das wollen oder nicht, wir nennen es *Singularität,* das klingt wissenschaftlicher und weniger esoterisch. Unsere Ratio und Logik selbst wurde in diesem kausalen Universum geboren, wie soll dieses Universum jemals in unseren Kopf hineinpassen, außer als Wort oder Formel oder Erklärung. Der Grund aller Dinge hat keinen Grund. Und das Nichts kennt keine Regeln, denen es folgen muss.

Und darauf will ich eigentlich hinaus: Wir könnten lange und große Geschichten darüber erzählen, so wie ich gerade, das lässt uns vielleicht staunen. Doch das gleiche Ergebnis erzielen wir, wenn wir in Hingabe auch nur einen einzigen Buchstaben in diesem Buch hier »erfahren«, oder eben eine Amsel oder einen Kieselstein. Oder einen Finger. Alles ist darin! *Wenn wir mit dem Herzen sehen* eben, denn den Gedanken bleibt tatsächlich alles Wesentliche verborgen. Über den Zen-Buddhismus habe ich mal gelesen:

> *»Alles ist Zen. In jedem Telefonbuch findest du*
> *alles Wichtige über Zen.*
> *Warum Bücher über Zen schreiben?«*

Es geht nicht darum, etwas aus dir zu machen,
sondern darum, echt und berührt zu sein, und zwar
in allem, was du tust und bist.

Beide Welten, das Denken und das Nichtdenken, also einfach Sein, haben ihre Zeit. Das Leben sollte ein Schwingen dazwischen sein. Balance ist wichtig! Die Menschheit hat diese Balance aber ganz offensichtlich verloren. Selbst Jesus sagte, dass der Weg nur durch das Herz führt. Also nicht durch den Kopf! Und das ist unser Problem. Mit Logik allein werden wir die Balance nicht wiederherstellen können, sondern nur noch mehr denken. Wir sind dringend auf Menschen angewiesen, die mehr fühlen, sich hingeben können, sich öffnen und verwundbar zeigen. Da sind wir beim Philosophen und Psychoanalytiker Erich Fromm, der sagte: *»Die Normalen sind die Kränkesten und die Kranken die Gesündesten. [...] Aber sehr viele Menschen, also die ›Normalen‹, sind so angepasst, die haben so alles, was ihr Eigen ist, verlassen. Die sind so entfremdet, so Instrumente, so roboterhaft geworden, dass sie gar keinen Konflikt mehr empfinden. Das heißt ihr wirkliches Gefühl, Liebe oder Hass, ist schon so verdrängt, so verkümmert, dass sie das Bild einer chronischen, leichten Schizophrenie bilden.«*[15] Es ist alles andere als gesund, sich anzupassen, die Gefühle auf Sparflamme zu schalten, mitzulaufen und irgendwie zu funktionieren.

Die vermeintlich Unnormalen stecken oft in Krisen fest, sind kaputt, versuchen zu überleben in ihrem Idealismus; als Maler, Musiker, Schriftsteller, Heiler oder einfach nur als Eltern, die versuchen, die Köpfe ihrer Kinder gesund zu halten. Viele quälen sich auch damit, einfach nur wie die anderen zu funktionieren. Was alle »Unnormalen« eint: Sie haben das Gefühl, dass sie nicht in diese Welt passen, dabei braucht sie die Welt mehr als jemals zuvor. Einige verstehen, warum sie nicht passen, und erkennen ihre Aufgabe, viele aber suchen noch den Fehler bei sich oder meckern über *das System*. Und dann sind da noch die Kinder! Herbert Grönemeyer wollte »die Welt in Kinderhände«[16] legen. Das allein wäre sicher auch keine Lösung, aber die Kinderhände gehören selbstverständlich mit in diese Welt. Sehen sie doch so viel mehr noch als die Erwachsenen.

MINDESTENS
40.000.000.000.000.000.000.000 Sterne!

Müssen wir es uns – unter einer dieser Sonnen – ernsthaft so groß und so schwer machen? Ist die Welt nicht groß genug, um darin frei zu sein und voller Demut, Mitgefühl und Dankbarkeit? 13,8 Milliarden Jahre Urknall, und alles ging gut, und wir brauchen jetzt hunderttausend Gesetze und Verordnungen, um diese kleine Welt nicht gegen die Wand zu fahren, in wenigen Jahrzehnten? Und dann halten wir uns für die Krone der Schöpfung? Der

Schöpfung bricht übrigens nicht mal ein Zacken aus der Krone, wenn wir diese Sache hier an die Wand fahren, weil wir uns so groß aufblasen, dass wir am Ende nur noch leer sein können, weil wir alles verstehen, regeln und kontrollieren wollen in unserem Sicherheitswahn und uns am Ende doch nur selbst sabotieren. Wir können ein bisschen mehr vertrauen und loslassen, und die Dinge auch ihren Lauf nehmen lassen. Es ging immerhin 13,8 Milliarden Jahre lang gut und nach 13,8 Milliarden Jahren stehen wir hier und haben dieses Vermögen, so tief zu fühlen und die Welt so intensiv zu erfahren. Wir haben einen Kopf, aber eben auch dieses Herz. Wozu, wenn wir es kaum mehr öffnen?

Das Denken neu gedacht

Wir mögen ein Netz über die Welt werfen und die Maschen benennen, zählen, berechnen und verstehen, aber dieses Netz ist trotzdem nicht die wirkliche Welt, sondern nur unsere Abstraktion und Interpretation. Und dieses Netz werfen wir am Ende über uns selbst. Und dann verwechseln wir das Netz und unsere Überzeugungen mit der Wirklichkeit. Dann sind wir zum Beispiel nur richtig und schön, wenn wir einem bestimmten Ideal entsprechen, eine Masche breit und zehn Maschen hoch. Nichts davon ist unsere wahre Natur! Wir haben uns nur in diesem Netz verfangen und vergessen, dass wir das

Meer sind. Das alles ist ein Selbstbild im Weltbild, aber nicht die Wirklichkeit. Es ist eine Erzählung, eine Geschichte. Geschichten sind nicht per se falsch, auch Wissen ist ein großes Privileg und ganz praktisch. Aber so wie Wissen auch eine große Gefahr sein kann, sind Geschichten auch nicht immer nur schön.

Dem Kind kommt es so vor, als gehöre ihm die Ewigkeit. Der Jugend geht nichts schnell genug. Den Erwachsenen drängt es, endlich anzukommen. Den Greis überholt die Zeit, und das Leben zieht an ihm vorbei. Darum, nur darum, bleib stehen und frage dich jetzt, warum du wirklich hier bist.

Es ist spannend, seinen Gedanken einmal beim Erzählen zuzuhören, dann wird einem bewusst, welche Macht Gedanken haben und warum sie tatsächlich unsere Welt erschaffen. Während ich hier am Schreibtisch sitze und diesen Text tippe, sitzen gegenüber auf dem Giebel inzwischen zwei Spatzen. Schon wieder nur Vögel, könnte man schnell meinen. Der eine Spatz ist ziemlich pummelig, *etwa drei Maschen breit,* sofort dichtet meine Fantasie ihm aus meiner Erfahrung und meinen daraus gebildeten Vorurteilen eine Reihe von Eigenschaften an: »Er ist gewiss tollpatschig, nett, naiv und wird oft ausgelacht, wenn er versucht zu fliegen.« Mit dem Spatzen hat das gar nichts zu tun, sondern nur mit mir. Diese Geschichte sagt mehr über mich aus als über den Vogel. Und so ist das auch, wenn andere über uns urteilen oder wir über sie. Der andere Vogel fliegt kurz davon und kehrt mit einem dünnen Ast zurück. Er landet damit wieder neben Pummelchen auf dem Giebel und hüpft herum. »Er ist stolz!«, will mir mein Kopf erzählen. Und augenblicklich verteile ich zwischen beiden die Rollen: »Pummelchen ist gewiss das Weibchen und unser Ast-Sammler das Männchen! Er will sie beeindrucken, ganz offensichtlich.« Dann fliegt er zum Schornstein des Hauses und kehrt ohne den Ast zurück. Sie bauen da oben wohl ein Nest. Wieder fliegt er davon und kehrt mit einem anderen Ast zurück. Das gleiche Spiel. »Pummelchen klopft ihm gewiss gleich auf die Schulter, so wie er da sitzt, mit vor Stolz geschwellter Brust! Das muss Liebe sein!«

Nichts davon ist wahr. Gar nichts! Und meine Gedanken hätten aus dem Männchen auch einen Angeber machen können, vielleicht ist Pummelchen auch ein Männchen. In die gleiche Wirklichkeit hätte ich etwas völlig anderes hineininterpretieren können. Und diese Macht der Gedanken hat sich mir tatsächlich erst nach vier Jahrzehnten Leben ganz erschlossen! Sie reden ständig. Sie kommentieren alles. Wie ein kleiner Affe.

Ich entscheide lieber wieder bewusst darüber, ob ich die Dinge schön oder nicht so schön finde, richtig oder falsch oder ob ich sie einfach nur so lasse, wie sie sind. Manchmal darf der Affe auch alles kommentieren, auch das hat seine Zeit. Halte ich aber kurz inne, höre den Gedanken nicht mehr zu, eröffnet sich ein anderes Bild. Der Affe hält spätestens die Klappe, wenn er keine Aufmerksamkeit mehr bekommt. Fürs Bücherschreiben ist so ein Affe großartig, wenn er Manieren hat. Aber spätestens bei Sonnenuntergang geht er mir auf die Nerven, und ich höre nicht mehr zu. Da ist dann keine Geschichte mehr, kein Film mehr in meinem Kopf, kein Kommentator. Da ist ein Zustand völliger Resonanz mit dem, was einfach nur ist. Und was da geschieht, ist größer als das, was ich mir vorstellen oder einreden kann. Reines Gewahrsein. Keine Bewertung mehr.

Ich nenne meinen Affen Pittiplatsch. Das war der Name, den ich in der Grundschule hatte, neben »Schnatterinchen«. Figuren aus dem Sandmännchen im Abendprogramm des DDR-Fernsehens.

Pittiplatsch denkt pausenlos solche Sachen wie:

»Das Bild an der Wand ist schief. Oh, jetzt muss ich so tun, als würde ich zwanglos quatschen und dabei ungeplant herumschauen, damit es ein gutes Beispiel für das Buch wird. Hm. Das Bild hatte ich aber nur ... nein, ich schreibe ja gerade, das glaubt mir dann keiner, dass ich gleichzeitig gucken und schauen kann, Mist vertippt, ich meinte ... tippen, nicht schauen ... meinte ist ein komisches Wort. Ich würde gern ›ich mein‹ schreiben, dieses ›e‹ gefällt mir nicht. Aber dann sieht es aus wie ein Pronomen. Shit, jetzt habe ich mich erwischt, beim Hochschauen, um tatsächlich irgendwas anderes zu suchen ... Mist wieder vertippt... Macht man eigentlich ... drei Punkte

oder zwei? Meine Augen brennen, ich sollte ins Bett, bin
völlig übermüdet ... oh, ich muss den Wecker stellen.«

Viele unbewusste Gedanken. Und genau dann sind bewusstes Denken und Vernunft Gold wert, um dem Affen
ein Stopp zu setzen, um in den Strom an Unsinn klare
und bewusste Gedanken zu bringen! Riskant wird es,
wenn sich Pittiplatsch auch noch für klug hält und sich
selbst gern zuhört. Achtet mal drauf, jeder hat so einen
Affen zwischen den Ohren! Und er beurteilt fast alles.
Die entscheidende Frage ist: Wie viele Gedanken denken
wir wirklich bewusst, wie viel davon sind einfach nur
sinnloses Kommentieren. Versucht jetzt einmal nichts zu
denken:

3 – 2 –1 los!

Und? Wie viele Sekunden hat es funktioniert? Und
achtet einmal darauf, wie viel ihr den ganzen Tag denkt!
Das mit den unbewussten Gedanken ist die bei Weitem
die schwerste Herausforderung auf dem spirituellen
Weg. Die Lösung beginnt damit, dass man das Problem
erkennt. Daher komme ich später noch einmal darauf zurück. Jetzt zum Affen, er kann sehr lästig werden, vor allem dann, wenn er Angst bekommt. Dann geht die Fantasie mit ihm durch.

Ich habe mittlerweile nicht mehr viel Zeit für Pittiplatsch. Ich mag, wie schon geschrieben, Geschichten
jenseits von richtig und falsch, Geschichten, die nicht auf
meinen Kommentaren, Urteilen und Interpretationen

basieren. Dann ist es einfach Magie. Die Macht unbewusster Gedanken zu erkennen ist die Grundvoraussetzung, um wirklich wieder Verantwortung für unser eigenes Denken zu übernehmen. Oft war ich achtlos, die Gedanken flossen einfach, verselbstständigten sich und erzählten zu allem, wirklich zu allem, eine Geschichte. Zu allem hatten sie eine Meinung. Ich habe das gar nicht mehr gemerkt und war völlig in dieser Welt verstrickt. Vieles idealisierten die Gedanken, aber wo das eben nicht mehr gelang, begannen sie, alles zu entwerten. Auch mich selbst, vor allem im Spiegel. Immer versuchten sie, sich eine ideale Welt zu erdenken. Aber ebenso können unbewusste Gedanken mit der gleichen Fantasie alles entwerten. Und das darf alles auch sein, sonst könnte ich auch keine Bücher schreiben, aber erst heute weiß ich, dass es mindestens ebenso wichtig ist, der Welt mit bewussten Gedanken zu begegnen, aber sie auch wieder nur im Schweigen als das zu erfahren, was sie ist. Denn darin verschwinden alle Grenzen zwischen ihr und mir, darin weitet sich das Bewusstsein wieder, die Gedanken trennen nur, und alles ist im Grunde eins … ein einziger Augenblick im unendlichen Strom.

Wir stehen auf unseren Leitern, an Wänden,
die umso höher wachsen, je höher wir steigen.
Wir gelangen einfach nicht drüber.
Bis wir loslassen und fallen und keine Wand mehr ist.

Der französische Philosoph und Soziologe Jean Baudrillard bezeichnete die Welt der gestalteten Wirklichkeit in seinem Buch *Simulacra and Simulation* als »The Hyperreal« – also »die Hyperrealität«[17]. Eine erdachte, künstliche Parallelwelt der Symbole und Vorstellungen, die schnell realer und aufregender erscheint als die Realität selbst. Und das macht sie so verlockend! Sie ist nicht wirklich, aber sie ist sehr laut und zieht die Aufmerksamkeit auf sich. Sie gleicht eben einer bunten Landkarte, die deckungsgleich über der wirklichen Welt liegt. Und darin können wir uns komplett verirren. Auf Baudrillards Buch basiert auch der Film *Matrix*[18], in dem sich der Hacker Neo, gespielt von Keanu Reeves, aus einer nahezu perfekten Simulation befreit. Am Anfang des Films liegt Baudrillards Buch übrigens auf dem Schreibtisch, Neo versteckt sein Geld und seine Speicherkarten darin. Es scheint ihm der sicherste Ort …

Schon vor etwa eintausend Jahren verglichen die mesoamerikanischen Tolteken die menschliche Wahrnehmung mit einer kollektiven Selbsttäuschung, mit einem Traum, den jeder mit erzeugt. Sie bezeichneten diesen Traum als »Mitote«[19], als die tausend Stimmen im Kopf, die den Menschen selbst und die Welt erklären wollen, und sagen, was wir zu tun hätten. Es handle sich um die verinnerlichten Stimmen von Eltern, Lehrern, von Gesellschaft und Kultur, die uns von Kindesbeinen an *eingeredet* werden, noch bevor wir uns, naiv und vertrauensvoll, überhaupt mit Vernunft und Misstrauen dagegen wehren und davon abgrenzen konnten. Die gefährlichste Stimme aber nannten sie »Parasit«, die eine Stimme des gnadenlosen Richters auf der einen Seite und des ewig Angeklagten auf der anderen. Hier regieren Schuldgefühle, Angst, Wut, Vorwürfe, Mangelbewusstsein, Neid und Begierde. Diese Stimmen kreieren unser Selbstbild und Weltbild, das wir für die Wirklichkeit halten. Die Tolteken glaubten aber auch, dass es zu früheren Zeiten weise Menschen gab, die ganz in der Wirklichkeit leben konnten, ohne sich in den Gedankenwelten zu verirren.

Unser Verstand gleicht einer Maschine mit dem gewaltigen Potenzial einer Mondrakete. Doch man muss sie präzise steuern und im Auge behalten, damit man mit ihr in den Himmel gelangt. Gerät sie außer Kontrolle und verselbstständigt sich, liegt schnell alles Irdische in Schutt und Asche.

Wie wirklich ist unsere Wirklichkeit?, mag man da wie der Psychotherapeut und Philosoph Paul Watzlawick in seinem gleichnamigen Buch[20] fragen. Und ist diese Wirklichkeit eben nicht doch nur unsere eigene Interpretation, wie Friedrich Nietzsche meinte? Paul Watzlawick erzählt eine schöne Anekdote dazu:[21] Er saß nach zwei anstrengenden Vortragstagen südlich von Dublin an der Irischen See. Er war erschöpft, aber erfüllt. Einer dieser Momente, *»wo einfach alles stimmte«,* sagte er. Alles war im Einklang. Da spielte hinter ihm plötzlich jemand mit einer leeren Bierdose Fußball. Und dieser Lärm machte Watzlawick rasend. Innerhalb weniger Augenblicke kippte er vom inneren Frieden in eine äußerste Aufregung, steigerte sich immer weiter hinein. Dann drehte er sich um, um den Übeltäter zu stellen. Umgehend verwandelte sich seine Raserei wieder in pure Freude. Wer da mit der Bierdose spielte, war ein mittelgroßer schwarzer Hund. Nie zuvor hatte er ein Tier mit einer solchen Hingabe spielen gesehen.

Entsteht die Welt nur aus unseren Gedanken, wie es letztlich auch Buddha erklärte? Liegt es an uns, was wir in den Dingen erfahren? …

Gibt es zum Beispiel richtige oder falsche, schöne oder hässliche Wolken? Ist eine Wolke dumm, weil sie nur regnen und nicht schneien kann? Ist eine Wolke hässlich, weil sie klein und dick ist? Jede Wolke ist einfach nur eine Wolke. Problematisch würde es, wenn Wolken damit beginnen würden, sich zu vergleichen und zu beurteilen, was dann Verurteilung wäre, oder wenn sie irgendwelche Ideal-Wolkenbilder hätten, denen sie entsprechen müssten. Dann hätten die Regenwolken irgendwann sicher das Gefühl, dass mit ihnen etwas nicht stimmen würde. Und so trauen sie sich vielleicht nicht mehr, zu regnen. Ich weiß, das ist ein äußerst vereinfachtes Bild, Wolken verändern sich auch. Aber tun wir das nicht ebenfalls? Oder nehmen wir Muscheln am Strand. Die durchschnittliche Muschel ist grau oder weiß. Was wäre, wenn sich die

Muscheln mit farbigen Streifen und Punkten deswegen schämen würden? Eine absurde Vorstellung und doch machen wir Menschen genau das ständig. *»Jenseits von richtig und falsch gibt es einen Ort«,* so schrieb es der persische Dichter Dschalāl ad-Dīn ar-Rūmī. Also jenseits aller Gedanken! Und an diesem Ort sollten wir uns auch begegnen, steht da weiter.

Die Wiederentdeckung des Wesentlichen

Alles ist auf seine Art einzigartig und vollkommen. Jeder Mensch, Ort, jeder Augenblick! Und damit jeder Sonnenaufgang. Es gibt nicht »den einen Sonnenaufgang«. Das habe ich auf dem Meer erst wieder begriffen, aber um das zu erkennen, habe ich damals Wochen der Einsamkeit gebraucht. Ich legte irgendwann die Kameras zur Seite und saß einfach wieder da und war überwältigt, und so geht es mir zum Glück auch mit Menschen …

Genau das meinte Paul McCartney, als er den bereits erwähnten Song über den Narren auf dem Berg – *The Fool on the Hill* – schrieb. Vielleicht hört ihr euch das Lied dazu einmal an und lest den Liedtext. Die Kunst des Lebens oder das Zen des Lebens ist es, so glaube ich, beide Welten miteinander zu vereinen: die des Weisen, der aber stets weiß, dass er nichts weiß, und die des »Narren«, der nicht mehr alles wissen will. Und auch die tausend Stimmen der Tolteken finden sich in diesem

Lied wieder. Da sitzt einfach ein Mensch auf einem Berg und schaut der Sonne beim Untergehen zu. Wie oft laufen wir mit Tausenden Stimmen im Kopf durch die Welt und sehen diese einfachen Dinge überhaupt nicht mehr. Jeder Blick mit dem Herzen würde uns sprach- und gedankenlos machen.

Ich habe einige dieser »Narren« kennengelernt in meinem Leben. Und schon immer habe ich mich gern zu ihnen gesetzt. Während die Menschen mit Tausenden Stimmen im Kopf an ihnen vorbeischritten, saßen sie einfach da und schauten zu. Einige von ihnen hatten vielleicht nur noch fünfhundert Stimmen im Kopf, einige wenige womöglich nur noch zehn. Und ich glaube, ich habe nur zwei Menschen getroffen, die auch ganz schweigen konnten, wenn die Sonne unterging. Sie alle waren keine Lehrer oder Gurus, sondern lebten in einer ganz eigenen Welt und mit sich. Wenn sie doch die Stimme erhoben, fühlte ich mich immer auf eine ganz andere Art und Weise verbunden mit ihnen. Da geschah viel mehr im Gefühl, ohne lange Sätze und ausladende Gesten.

Würdest du einen solchen »Narren« freundlich ansprechen, dich zu ihm setzen, was würde er dir wohl sagen, würdest du ihn dann fragen, wer er ist? Glaubst du, er würde dir erzählen, was er beruflich macht, welches Auto er fährt, wo er wohnt, wie viele Kinder er hat? Wenn er ein richtiger »Narr« ist, würdest du dich zu ihm setzen, es würde kein Wort fallen müssen, und du

würdest einfach nur einen unglaublichen Frieden spüren, dich spüren, ihn spüren. Und die Antwort wissen.
Einfach wissen. Mit dem Herzen. Nicht mit dem Kopf.
Und du würdest einfach mit ihm sitzen bleiben eine Weile. Und vielleicht sagt er auch einfach nur: *»Sieht du denn
nicht, dass sich die ganze Welt in dir dreht?«*

WER BIN ICH?

»Erkenne dich selbst und darin auch
deine Nächsten. Damit erweist du der Welt
den allergrößten Dienst.«

New York im September. Für eine Stadt, die angeblich
niemals schläft, ist es erstaunlich ruhig in den Straßen. Es
regnet, ich ziehe mir die Kapuze tiefer ins Gesicht hinein
und habe zu diesem Zeitpunkt noch keine Vorstellung
davon, dass diese Szene einmal als Kapitel in einem Buch
herhalten würde. Die Ampeln auf der Straße und die
bunten Neonlichter an den Fassaden und in den Ausla-
gen der Geschäfte spiegeln sich in den Pfützen auf dem
Asphalt. Hinter diesen Fassaden sind die Menschen
wach. Ich erblicke sie durch ihre Fenster, ich kann sie
hören. Es wird geredet, gelacht. Musik spielt. New York
mag Jazz. Ich fühle mich nicht wirklich einsam, eher *eins*
mit dieser Stadt, ich bin in ihr aufgelöst, von ihr ver-
schluckt, ein Teil von allem. Ich fühle mich unendlich frei
und gehe ganz in ihr auf. Ich laufe schon seit Stunden
umher, ohne zu wissen, wohin. Und ich weiß auch längst

nicht mehr, wo ich mich befinde und, was noch erschreckender ist, wo ich herkomme. Ich fühle mich frei, aber um ehrlich zu sein, auch sehr verloren in dieser großen Freiheit. Und vielleicht ist dieses Gefühl des Verlorenseins nur eine Facette der Einsamkeit, die einen anderen Namen trägt.

Szenenwechsel: Nur wenige Blöcke entfernt treffen ein paar Menschen die letzten Vorbereitungen für eine Party. Ein bunt geschmücktes Apartment. Bier, Bourbon und Gläser stehen auf einem großen Glastisch. Auf einer Anrichte daneben stehen Teller und Schüsseln. Ein junger Mann, etwa Mitte dreißig, klopft einem älteren Mann versöhnlich auf die Schulter, schüttelt den Kopf und verschwindet durch die Wohnungstür. Er steigt die lange, enge Treppe im Hausflur hinab und steht wie ich im Abendregen. Mit grünen Augen blickt er in den dunklen Himmel, die Regentropfen fallen ihm direkt ins Gesicht. Er genießt es! Freiheit! So viele Möglichkeiten. Die dunkelblonden Strähnen, die er sich aus dem Gesicht streicht, sind nach kurzer Zeit klatschnass und kleben auf seiner Stirn. Er zieht einen Autoschlüssel aus der Jackentasche, drückt einen Knopf, und die Türen eines Lieferwagens vor dem Haus entriegeln sich. Er steigt über das Rinnsal, das in einem Gully versickert, öffnet die Fahrertür, steigt ein, dreht den Zündschlüssel um, fährt die breite Straße hinauf, biegt zweimal rechts ab und parkt den Wagen wieder. Durch einen Vorhang zwischen den Vordersitzen kriecht er nach hinten in den Laderaum. Dort schaltet er das Licht an, zieht ein Buch aus einem kleinen Regal und beginnt darin zu lesen. NOTEBOOK steht da in roten Buchstaben auf dem Buchdeckel, also *Notizbuch*. Darunter ein Foto des Verfassers, es ist der indische Philosoph Jiddu Krishnamurti, der auf dem Bild einen Strand entlangläuft, dem Horizont entgegen.[22]

Der junge Mann im Lieferwagen liest dieses Buch in derselben Straße, durch die ich gerade, tief in meiner Kapuze versunken, schlendere. Das parkende Fahrzeug fällt mir sofort auf, sonst ist auch nichts anderes in Bewegung vor mir. Die roten Rücklichter sind erloschen, und beinahe wäre ich vorbeigelaufen, ohne auch nur einen Blick durch die Scheibe der Fahrertür zu werfen. Und ich kann mir nicht erklären, warum ich mich doch umdrehe und ein paar Schritte zurückgehe. Es ist eine innere Gewissheit, und mir ist gegenwärtig, ohne genau zu wissen, weshalb, dass jemand hinten in diesem Wagen sitzt und auf mich wartet. Also öffne ich die Türen an der Rückseite des Transporters, ziehe die klatschnasse Kapuze ab und steige einfach ein. Ja! In ein fremdes Auto, zu einem völlig fremden Menschen! Und doch, nichts erscheint mir wirklich fremd hier.

Der Innenraum ist mit einer kleinen Lampe oben am Wagendach ausgeleuchtet. Der junge Mann sitzt auf einer Matratze. Die Fenster des Wagens sind mit kleinen, dichten Vorhängen abgehängt. Kein Licht dringt nach außen. Leise Musik läuft, ich kenne den Song gut, es ist *Adrift* von Jesse Marchant.

Wir schauen uns kurz in die Augen, es fällt kein einziges Wort. Für keinen von uns beiden scheint diese Begegnung auf irgendeine Art und Weise zufällig oder gar verrückt zu sein. Meine Hände gleiten über die Knäufe der kleinen Schubladen und Schranktüren, die unter den Scheiben und Gardinen verbaut sind; der Wagen ist zu einem Camper ausgebaut. Mein Blick streift umher und erfasst jedes Detail. Dann schaue ich diesem Mann wieder ins Gesicht, fassungslos. So etwas habe ich noch nie in meinem Leben gesehen: weder so ein Fahrzeug noch so einen Mann. Ich kann mir nicht vorstellen, wie viele hundert oder gar tausend Stunden er in den Ausbau seines Fahrzeugs gesteckt haben muss. Jedes Detail ist mit so einer Hingabe und Liebe gestaltet, mir fließen Tränen der Rührung über die Wangen. Es ist, als wäre die Seele und die ganze Sehnsucht eines Menschen selbst hier in Holz und Metall gefasst worden, auf vielleicht drei Quadratmetern Ladefläche. Wenn überhaupt.

Ich schaue dem Mann tief in die Augen und schüttle den Kopf. Spüre seine Schüchternheit, es scheint ihm unangenehm, er fühlt sich offenbar ertappt. Ich weiß, dass ich ihm gerade in die Seele schaue. Und er schaut zurück und dringt ebenso tief in meine Seele ein. Wir verbinden uns, alles, was er da zusammengeschraubt und gebaut hat, steht für den Ausdruck, die Kreativität, Handfertigkeit, für die Hingabe und Leidenschaft, die ich ein Leben lang gesucht habe. Und er schaut mich an und findet in mir die ganze Anerkennung, Bestätigung und das Verständnis, wonach er sich wiederum schon lange gesehnt hat. Wir schauen uns an, wir verstehen und sehen uns wirklich … wir berühren uns darin, dass wir uns ineinander erkennen. Das eine findet im anderen Halt: das Gesehene im Sehen, das Sehen im Gesehenen. Und darin vollendet es sich und wird eins. Was uns verbindet, ist diese Sehnsucht und vielleicht auch eben diese Einsamkeit in der großen Freiheit, das Gehaltensein im Verlorensein.

Und da geht ein viel helleres Licht an, und plötzlich sitze ich auf der Matratze im Van, bin völlig überrascht, weiß gar nicht, was hier passiert. Jetzt halte ich dieses Buch von Krishnamurti in meinen Händen, ich schaue diese Frau an, die gerade in meinen Wagen gestiegen ist, mit ihren warmen, grünen Augen. Ist das nur ein Traum? Ihr Mund ist leicht geöffnet, sie schüttelt sanft ihren Lockenkopf, ringt um Worte. Findet offenbar keine. »All das hier hast du allein gemacht, all das hier, das bist du?«, fragt ihr Herz, und meines antwortet, indem es einfach schneller klopft. Sie kommt näher, legt meinen Kopf in ihre Hände und ihre Stirn an meine Stirn. Dann berühren sich unsere Nasenspitzen. Wir lächeln beide, ihre Augenbrauen heben sich zusammen mit meinen. Und dann schmecke ich ihre Tränen, und sie schmecken genauso wie meine.

Das Erwachen aus dem Traum

Vorerst war dies leider nur ein Traum, das ist dir inzwischen gewiss aufgefallen. Aber es gibt viel Wichtigeres in diesem Traum zu erkennen als in einer Begegnung in der Realität, und genau darauf möchte ich hinaus. An dieser Stelle wachte ich, ebenfalls enttäuscht, in meinem Bett auf – diese Bilder wie im Film vor Augen sehend, diese so intensiven Gefühle in meinem Herzen, *ihre,* also meine, Tränen noch auf den Lippen, nun bei vollem Bewusstsein. Ich halte beide Hände vor mein Gesicht, und in mir brechen die letzten Dämme. Im Augenblick des Erwachens begreife ich jedoch etwas Fundamentales, ein richtiger Aha-Moment: Ich erkenne, dass ich diese beiden Menschen in mir trage und sie im Traum vergegenwärtigt habe. Den jungen, kreativen Mann und die tröstende, liebevolle Frau. Mir wird klar, dass alles, was ich stets gesucht habe, auch in mir wohnen muss, sonst würde ich es nicht träumen. Und in jedem anderen Menschen wohnt es auch. Die Leidenschaft, mich auszudrücken, die Hingabe, die Kreativität, und dann auf der anderen Seite auch die Aufmerksamkeit und die Anerkennung darüber, der Stolz. Doch nie fand beides in mir zusammen. Entweder suchte ich die Aufmerksamkeit, Zuwendung und Anerkennung der anderen, oder ich war selbst so beeindruckt von ihrem Licht und so stolz auf sie, dass ich erst gar nicht mein eigenes kleines Leuchten anzuzünden wagte. Nie habe ich mich mir selbst wirklich zugewandt, mich selbst derart bestätigt und mit mir mitgefühlt wie mit anderen. Nie habe ich wirklich gesehen, wer ich bin, noch habe ich mir erlaubt, ich selbst zu sein … und mir selbst genug! Mehr als genug. Was ich im Außen ersehnte, war nur eine Projektion dessen, was ich anderen viel besser geben konnte und wollte, mir aber selbst so sehr wünschte. Solange man das aber nicht in sich entdeckt und man nicht erfüllt ist, wie will man dann einen anderen Menschen lieben können, ohne von ihm abhängig zu sein?

Was ich gelebt hatte, waren meine lebenslangen Überzeugungen, und die meisten davon waren abhängig von den Überzeugungen und Bestätigungen der anderen Menschen, letztlich unserer Kultur, in der wir alle geprägt und konditioniert werden. Letztlich ging es darum, in Schubladen zu passen und zu gefallen. Schubladen haben wir Menschen für alles, für Bücher, für Musik und für uns selbst. Aber passt ein Mensch wirklich in eine andere Schublade, außer in seine ureigene Schublade, die er sich selbst baut, in die er sich hineinlebt und die mit ihm wächst? Ist nicht alles in sich einzigartig, unvorstellbar und damit ein Wunder? Ist ein Wunder nicht die Abwesenheit von Urteilen und Erwartungen? Wenn du nicht an Wunder glaubst, wirst du keine Wunder erfahren. So einfach ist das. Wenn du nicht an dich selbst glaubst, wirst du dich niemals erfahren oder benötigst immer die Bestätigung der anderen. Und wenn du nicht bemerkst, dass dir in der Welt immer deine Überzeugungen begegnen, werden dir dein wahrer, freier Wille und das größte Geheimnis der Schöpfung verborgen bleiben. Die Erkenntnis, dass jedes Gefühl, nach dem du dich sehnen kannst, ja schon als Gefühl in dir vorhanden sein muss. Die Fülle kommt nur als verkleideter Mangel daher, weil wir die Erfüllung als Sehnsucht nach außen projizieren.

Wir können uns nach nichts sehnen, was wir nicht auch schon kennen, also in uns tragen. Und wenn wir uns danach sehnen können, können wir uns ebenso damit erfüllen. Wir müssen nur die Perspektive ändern, von außen nach innen, vom anderen zu uns selbst. Der Wille ist dann erst frei, wo er aus dieser Fülle heraus entscheidet, und nicht mehr aus einem Gefühl des Mangels. Aber was würde diese Erkenntnis für Konsequenzen haben? Sie kann uns nur absurd erscheinen. Deshalb ist es auch ein langer Weg ins Hier und Jetzt und zu uns selbst. Er macht uns bereit, unsere wirkliche Größe zu erkennen und dazu zu stehen. Dann brauchen wir niemanden mehr, um erfüllt zu sein. Aber dann dürfen wir, und dann können wir bedingungslos mit anderen sein. Aber wirklich freie Menschen sind den anderen oft sehr suspekt.

Bin ich denn nur richtig und besonders, weil andere klatschen, weil ich passe, einem Ideal entspreche? Bin ich falsch, nur weil ich nicht den Erwartungen entspreche, nicht in Schubladen passe, sie mir einfach zu groß oder zu klein sind? Und überhaupt, was ist *Erfolg* eigentlich wert, wenn er nur den Erwartungen anderer gerecht wird, die ich womöglich unbemerkt verinnerlicht habe? Wo bleibe ich da? Wenn du Glück hast, findest du einen schnellen Weg zum Erfolg, erfüllst spielend leicht die Erwartungen anderer. Gute Gene, viel Talent, was auch immer. Wenn du aber sehr, sehr viel Glück hast, dann ist dir ein beschwerlicherer Weg vorbestimmt. Denn nur auf dem lernst du dich und andere wirklich kennen und schätzen. Jeder Weg ist individuell, aber letztlich wird uns jeder Weg zu uns selbst führen. Wohin denn sonst? Wenn wir nicht bei uns sind, können wir auch bei nichts und niemand anderem wirklich sein.

Ist es nach 13,8 Milliarden Jahren Urknall nicht schon Wunder genug und damit ein unglaublicher Erfolg, überhaupt am Leben zu sein und dieses Leben trotz all seiner Herausforderungen bis jetzt auch gemeistert zu haben? Ich meine, machen wir uns doch nichts vor, jeder Mensch auf diesem Planeten hat sein schweres Päckchen durchs Leben zu tragen. Trotzdem machen wir weiter! Das allein macht uns schon zu Giganten! Wir stecken das weg, suchen unseren Sinn, suchen Aufgaben … und wir stecken einfach weg, dass wir irgendwann sterben müssen. Wir alle. Wir selbst, unsere Freunde, Familie. Jeder von uns. Chapeau! Ich verneige mich vor uns allen! Und jetzt meint einer, er muss sich etwas anderes beweisen, weil er mehr Geld hat oder einen flacheren Bauch? *»Yoooo … ist klar!«,* das rutscht mir gerade heraus beim aufgewühlten Schreiben. Aber es fasst doch alles ganz perfekt zusammen.

Gott, was für ein Leben das doch ist! Wie oft hat
es mich schon angepisst. Und immer wieder steht es
in der Tür, mit einem neuen Tag, und sagt zu mir:
»Los komm, wir machen heiter weiter!«

Alles ist auch in uns selbst! Mit dieser Einsicht erwachte
ich aus meinem Traum in New York. Das Gebende, das
Nehmende; etwas, das etwas zur Welt bringen, und etwas, das die Welt erfahren will; das Männliche, das Weib-
liche, das Sehende und das Gesehene, der Wille und die
Bestätigung. Was wir ersehnen können, ist in uns selbst
schon angelegt. Ich wusste das bereits, theoretisch jedenfalls, aus Büchern und Vorträgen von großen Zen-
Meistern, Mystikern oder Philosophen wie Alan Watts,
Daisetz Suzuki, Nisargadatta Maharaj oder Jiddu Krishnamurti. Und diese Weisheit stand auch in Hunderten
von Sinnsprüchen, die ich über viele Jahre auf Facebook
geteilt habe. Aber ich hatte dieses Wissen nur partiell,
nur teilweise begriffen, ich hatte es nicht als vollendeten
Normalzustand erfahren, nicht tief genug gefühlt, nicht
wirklich verinnerlicht. Es schien mir fast zu trivial, es
widersprach allem, woran ich glaubte. Und damit blieb
es meist nur ein abstraktes Verstehen, und so blieb auch
die Sehnsucht und die Träumerei, im Außen und in anderen die Erfüllung zu finden. Aber was ich in mir selbst
nicht in ganzer Tiefe durchdringe und begreife, das wird
mich niemals in der Welt da draußen finden, und das

würde ich auch niemals in der Welt erkennen. Es bleibt unvorstellbar. Ich könnte es nicht hören, wäre blind dafür. Egal wie laut es mich rufen oder wie hell es leuchten würde.

Das Problem mit den großen Wundern ist eben: Sie ticken immer so ganz anders, als wir es uns vorstellen wollen. Und dann werfen sie sich in jedem Augenblick vor uns auf den Boden oder fallen uns um den Hals, aber wir erkennen sie nicht, weil wir etwas ganz anderes erwarten. Somit fügen sich am Ende die Umstände immer nur meiner Einstellung. Mir begegnen stets die eigenen engen, *beschränkten* Überzeugungen auf meinem Weg und im Spiegel, weil ich krampfhaft in den alten Bahnen, Rahmen und Schubladen des Vorstellbaren und Wünschbaren bleibe. Und je länger ich in diesen Rahmen und Bahnen verbleibe, umso schwerer wird es, sie zu verlassen. Sie schleifen sich in unserem Gehirn ein, je öfter wir sie befahren. Und am Ende ist unsere Wahrheit eben doch immer das, wovon wir ohnehin am meisten überzeugt sind. Das nennen wir dann Vernunft und meinen, dass es als Einziges wirklich Sinn macht.

Will ich die Welt um mich herum und mich selbst verändern, muss ich meine Einstellung ändern, um mit ihr dann andere Wege zu beschreiten, die aus alten Schubladen und Vorstellungen herausführen. Die Vernunft also mal kurz beurlauben.

Und wenn wir und die Welt ein Wunder wären, das uns aus Dankbarkeit und Demut auf die Knie bringen könnte, alles bliebe doch nur so groß, wie ich es mir vorstellen kann … und vorstellen will. Und wie groß es wirklich ist, erfahre ich nur, wenn ich mir – endlich! – keine Meinung mehr darüber bilde und meine eigene, unvorstellbare Größe erfahre.

Wenn ich unbedingt glauben will, dass da nur Idioten um mich herum wandeln, dann sehe ich auch nur Idioten und verhalte mich dann selbst wie einer. Begegne ich mir wiederum wirklich selbst, begegne mir mit Staunen und Mitgefühl, dann erkenne ich zum Beispiel auch, dass es alle anderen nicht wirklich leichter haben und dass sie ebenso viel Mitgefühl und Bewunderung verdienen. Und dann geschieht etwas zwischen dir und diesen Menschen: Wo du kommst und gehst, da hinterlässt du einen Samen der Liebe und Hoffnung in den Menschen, der vielleicht noch etwas Zeit braucht, um aufzugehen, aber er wird aufgehen, wird blühen und neue Samen streuen. Und wenn nicht alle Samen aufgehen, dann doch die meisten!

Das Theater der Glückseligkeit

Es zog mich bald erneut in einen Traum hinein. Geliebte Menschen sterben darin plötzlich. Meine Eltern, es ist schrecklich! Ich schleppe mich an ein Waschbecken in einem Hinterhof. Ich weine in diesem Traum weiter und nehme an, dass ich auch in meinem Bett noch weine, während ich da weiterträume. Ich versuche, mir die Tränen und die verlaufene Mascara mit einem grünen Gartenschlauch aus dem Gesicht zu spülen.

Es tut so weh in mir! Menschen versammeln sich um mich herum, bleiben dennoch auf Abstand. Ich solle mich zusammenreißen, rufen sie. Oder dass es auch mal wieder Schluss sein muss. Ich erkenne in ihren unruhigen Augen, dass sie sich das auch selbst einreden und dass sie überfordert sind mit dem Schmerz der Realität, den ich ihnen spiegle; so, wie sie schon mein ganzes Leben mit mir überfordert waren, mit meinen schrägen Gedanken, Gefühlen, Worten, Texten und Bildern. Doch dieser Schmerz betrifft uns alle, wir alle haben etwas verloren und verlieren am Ende alles. Wir versuchen weiter zu funktionieren, also bloß nicht hineingehen in diesen Schmerz! Aber ist das wirklich der rechte Weg? Wir wollen immer glücklich sein und verdrängen das Leid als Teil des Lebens, bis es uns am Ende mit Krankheit und dem Sterben doch einholt und wir unser halbes Leben aus Angst nicht gelebt haben.

Zwangsoptimismus und Zwangsoptimierung, das steht auf den Fahnen der halben Welt. Und die andere Hälfte leidet darunter. Aber eigentlich leiden sie alle, jeder leidet nur auf seine ganz eigene Weise und anders. In der Gegenwart und in der Realität leben wenige, die einen können es sich nicht leisten, die anderen haben zu viel Zeit; die einen stürzen in die Zukunft, und das Herz kann ihnen nicht schnell genug folgen; die anderen hängen in der Vergangenheit fest, und das unberechenbare Herz ist ihnen immer einen Schritt zu weit voraus.

Wir müssen alle immer kämpfen und ringen, und am Ende werden wir alle sterben. Wenn uns das bewusst wäre und wir uns darauf einlassen, es als gleichwertigen Teil des Lebens begreifen würden, so wie das Glücklichsein, dann würden wir uns nicht wegen jeder Kleinigkeit so aufreiben im Leben. Wir würden bewusster leben und unsere Zeit nicht für Belanglosigkeiten vergeuden. Es wäre uns nicht mehr so wichtig, was andere denken und tun, weil sie am Ende auch nur dieses Leben haben. Und unseres wäre zu kostbar, um es nach anderen auszurichten. Wir haben nur dieses eine und eigene Leben. Also sollten wir herausfinden, wofür wir wirklich brennen, und uns dann auch davon verbrennen lassen.

Wo immer einer vor unerwünschten Gefühlen davonläuft, muss ein anderer darunter leiden. Und so läuft die halbe Welt davon, während die andere Hälfte leidet. Wirklich glücklich ist keiner.

Wie könnte man denn so weitermachen wie bisher, würde man den Schmerz und die Trauer ebenso bewusst fühlen wie die Freude? Wie könnte man andere Menschen dann weiter verurteilen, und vor allem sich selbst nicht in den Arm nehmen? Mitgefühl heißt mit Gefühl! Wie könnte man das Wunder der Welt wieder erblicken, ohne auch diesen Schmerz zu spüren, der ein Teil der Welt ist? Wie kann uns noch etwas berühren, wenn wir nicht auch verletzbar und offen bleiben?

Aber alles muss super, alles muss toll sein! – Sogar die Spiritualität ist inzwischen infiziert von diesen Gedanken. Nein, nichts ist toll, solange man dem Leiden in sich und der Welt nicht ebenfalls und wahrhaftig begegnet ist! Aber das muss man eben auch erst mal aushalten können. Da ist es einfacher, sich abzulenken, sich kleine Dinge zu großen Wundern zu idealisieren, Empathie für andere zu heucheln, um zwei Tage später wieder alles zu vergessen. Dann schreibt man sich groß »Liebe« auf die Fahnen und rennt damit durch die Welt, aber eigentlich ist es doch meist nur Heuchelei, wenn man dem Schmerz im anderen und sich selbst nicht mitfühlend begegnen kann. Empathie von oben herab ist einfach, aus einer privilegierten Position der Kontrolle heraus. Echtes Mitgefühl würde uns auf Augenhöhe zwingen, im Besonderen auf Augenhöhe mit unserem wahren Selbst und unseren Gefühlen. Und erst was gefühlt wurde, ist integriert und macht anderen Gefühlen Raum.

»Am Ende deiner Reise wirst du nicht gefragt: ›Bist du ein Heiliger geworden?‹, oder: ›Hast du für das Heil der Menschen gekämpft?‹ Die einzige Frage, die du zu beantworten hast, ist: ›Bist du du selbst geworden?‹«, so schrieb Laotse einst im Daodejing, und er fügte hinzu: *»Andere zu erkennen ist Weisheit, sich selbst zu erkennen*

ist Erleuchtung.« Das Daodejing (auch Tao Te King geschrieben) ist eine Sammlung von Spruchkapiteln, die der chinesischen Legende nach dem Weisen Laotse zugerechnet werden, den auch Konfuzius zurate zog. Das Werk gilt als die Gründungsschrift der Philosophie des Daoismus und ist etwa 2 400 Jahre alt.

Nur wo wir uns selbst erkennen, sehen wir die anderen wirklich als einen Teil von uns. Wo wir andere noch nicht mit unserem »Erleuchtungs-Licht« erleuchten können, da begegnen uns in ihnen doch nur noch die eigenen Schatten. Da lernen wir alle noch aneinander uns selbst kennen. Lasst uns in diesem Sinne unsere Schatten umarmen und damit die Schatten der anderen.

Die Welt ist immer nur so kaputt wie du selbst. Ist dir das schon aufgefallen? Hoffst du, ist Hoffnung in der Welt; haderst du, dann scheint schnell alles hoffnungslos und verloren; ignorierst du alles, ignoriert die Welt dich wieder. Begegnest du dir und deinen Schatten mit Mitgefühl, kannst du auch den Menschen um dich herum vergeben und siehst ihre Herausforderungen und Schmerzen. Und so können sie sich öffnen und dir ebenso begegnen. Dann kannst du dich ganz anders öffnen und verbinden und dennoch gesund abgrenzen. Bist du verliebt, liebst du die Welt … und die Welt liebt dich. Willst du dich selbst retten, würdest du am liebsten die ganze Welt retten, nicht wahr? Aber du rettest sie eben nur darin, dass du dich selbst erst mal findest und deinen

Frieden machst. Ich meine wirklichen Frieden, keinen Scheinfrieden, der nur von günstigen Umständen, Privilegien und positiven Zwangsgedanken abhängig ist! Was ist dein Frieden noch wert, wenn du morgen alles verlierst und auf der Straße sitzt? Wie frei bist du wirklich, wenn da noch so viel Angst vor Gefühlen und so viel Kontrolle ist? Begegnest du deinem Schmerz und deiner Angst auch, dann kannst du ihnen auch in anderen Menschen begegnen, ohne zumachen zu müssen, ohne altkluge Ratschläge zu verteilen und ohne verrückt zu werden. Und damit erweist du der Welt tatsächlich den allergrößten Dienst. Indem du ganz präsent bist und wirklich Anteil nimmst ... die Welt als einen Teil von dir begreifst.

Ich fühle meinen Schmerz so ungefiltert in diesem Traum, aber auch den Schmerz in den Menschen, die da einen Halbkreis um mich bilden. Ich bin nackt, am Körper und in meiner Seele, liege in diesem Hinterhof. So schrecklich wund, aber eben auch dadurch überhaupt erst wieder berührbar und lebendig. Es ist mir gleichgültig, was die anderen denken und sagen, ich sehe, was sie in sich tragen und unterdrücken ... ich schreie, ich schreie aus jeder Zelle meines Körpers. All den Schmerz meines Lebens schreie ich heraus, aber auch diesen Weltschmerz in mir.

So oft bin ich gefallen, so oft wieder aufgestanden; habe so viel verloren, so viel zerdacht und mich in Gedanken verrannt, um vor diesen Gefühlen davonzulaufen. Und so viel musste ich sehen da draußen! Aber ich habe immer weitergemacht, bin weitergekrochen. Und dieser Schmerz gleicht nun einem Überdruck in mir, und er kann einfach nicht ganz entweichen. Nicht durch den Mund, nicht durch die Poren. Da zerreißt es mich! Und ich zerspringe in tausend Scherben. Und in jeder von ihnen funkelt mein Licht. Da ist nur noch Licht … unendliches Licht! Und ich bin komplett offen und ich bin frei … und ich erkenne mich selbst in allem, und alles ist auch in mir!

Da wache ich endgültig auf.

Und dann erkennst du es plötzlich! An dir war nie etwas falsch. Du hast die nicht mehr gesehen, die dich wirklich gesehen haben, weil du den Worten derer vertraut hast, die viel zu sehr mit sich selbst beschäftigt waren.

Diese Wahrheit über Licht UND Schatten soll auch in mein Buch einfließen. Denn dieses Leben kann ohne den ganzen Schmerz und die Enttäuschung und ohne die tiefste Sehnsucht, die da in mir brennt, gar kein Weg in Erfüllung, Freiheit und Liebe sein. Und Taubheit für den Schmerz macht auch für alle anderen Empfindungen und für jedes Wunder taub und blind. Ohne diesen Schmerz und die Sehnsucht kann man sich selbst gar nicht mitfühlend in die Arme schließen, sich niemals vergeben, geschweige denn, sich so lieben und sein Licht erblicken. Wie dann einen anderen oder die Welt lieben? Wenn es dir schon nicht gelingt, dich selbst zu lieben, wie du jetzt bist, wie soll es dir dann bei anderen gelingen? Alle anderen sind doch mindestens genauso *kaputt* wie du! Und meine Wahrheit ist auch, dass alles, was ich an Erfüllung im Außen suche, auch in mir selbst gefunden und verwirklicht werden kann. Und dass ich überhaupt nicht bin, was ich da die ganze Zeit dachte, dass ich sei, denn ich passe in keinen Rahmen, in keine Schublade, in keinen Gedanken. Jeder hat seine Vorstellungen von mir und seine Erwartungen an mich, und irgendwann habe ich mich vergessen und stattdessen ihnen geglaubt. Doch *ich* bin so viel mehr!

Wir alle sind so viel mehr – ein Wunder aus Licht und Schatten!

Das Bild, das mir da jeden Morgen im Spiegel begegnete über viele Jahre, das jedenfalls war nicht die Wahrheit. Erst wo die Vorstellung darüber endet, wie alles sein könnte, sollte, müsste, genau da beginnt das wahrhaftige Leben. Und nur wo dein Herz sich öffnet, auch für das Leid, da offenbart sich dir auch das wirklich Wesentliche und Wahrhaftige wieder. Also »*mach dich auf*«, öffne dich und finde dich darin selbst. Das hier, das ist die Reise deiner Seele durch Raum und Zeit; nicht nur deines Körpers und deiner Gedanken durch die Straßen deiner Stadt. Das darfst du niemals vergessen! Du bist so viel mehr … steh auf und steh dazu. Du wurdest nie in diese Schöpfung hineingeboren, du bist aus ihr entsprungen, wie eine Welle aus dem Ozean. Du bist ein Teil von ihr. Die ganze Schöpfung zwinkert sich selbst durch deine Augen zu. Du bist, was du suchst, und zum Schluss bist du selbst wieder ganz Ozean. Was kümmern den Ozean die Wellen!

Lasse niemals dein Glück
für das Glück zurück,
das andere dir versprechen.
Es scheint das gleiche Glück.
Doch das ist es nicht.
Es ist nicht von Dauer,
wenn es nicht deiner
eigenen Quelle entspringt.
Die, die dich beglücken wollen,
gewöhnlich brauchen sie dich.
Und die, die nichts brauchen,
die wollen dich meist nicht.
Dem einen stopfst du die Leere,
doch es gibt ihm keinen Sinn. –
Dem anderen bist du Luft,
er atmet dich dahin.
Lasse niemals dein Glück
achtlos hinter dir zurück.
Für niemanden.
Aber teile es mit jedem,
der wirklich Anteil nehmen
und sich mit dir freuen will!

KEIN LICHT OHNE SCHATTEN

»Du wirst dich finden, du wirst sehn.
Lass alles los, da wirst du stehn!«

Durch meine Bücher und Vorträge bin ich sehr nah dran an vielen Menschen, die sehr viel kämpfen und nach Impulsen suchen, die ihnen Richtung geben. Längst haben sie erkannt, dass sie sich selbst verloren haben, aber wie findet man sich wieder und welche Erkenntnis wartet – gerade auch in den dunklen Episoden ihres Lebens? Da mir dieses Thema unglaublich nahegeht und wichtig ist, greife ich es hier in einem separaten *Schatten-Kapitel* auf.

Was tun also, wenn du nicht weiterweißt oder gar nicht mehr weiter willst? Wo findet sich Hoffnung in schwierigen Prozessen, was lindert unseren Schmerz?

Vielleicht fragst du dich tatsächlich sogar in diesem Augenblick, warum du dir das alles überhaupt antust. Oder es geht einer Freundin, einem Bekannten, Verwandten oder deiner Nachbarin so.

Du haderst plötzlich mit dir selbst und deinem Leben, deinem Job, deiner Beziehung. Vielleicht stehst du vor einer Wand unlösbarer Probleme, bist erkrankt, steckst in einer Depression, im Burn-out fest, bist gescheitert, fühlst dich verloren oder hast große Probleme mit dem Altern. So viele Male hast du es schon versucht, dein Leben herumzureißen. Ohne bleibenden Erfolg. Und nun bist du müde. Deine Seele ist so erschöpft. Warum also wieder aufstehen, wenn du doch nur wieder ins Bett fallen magst … am liebsten für immer?

Ich sage dir, warum! Genau deswegen!

Weil du so viel gekämpft hast und dich schon so oft wieder auf die Beine gestellt hast. Jetzt ist der Zeitpunkt in deinem Leben, in dem du dir wirklich selbst begegnen kannst und darfst. Lass es zu! Du bist ein wundervoller Mensch, dein Weg war nicht einfach, und all die Schatten und vermeintlichen Schwächen an dir, die dir nun begegnen, die dich deiner Meinung nach unwürdig erscheinen lassen, geliebt zu werden, zu genügen oder ein besseres Leben überhaupt zu verdienen – das bist nicht du! Das sind lediglich Mechanismen und Bewältigungsstrategien, um zu überleben. Sei nicht so hart mit dir. Wende den Blick wieder ab von diesen Schwächen, aber auch von den Herausforderungen und Abhängigkeiten im Außen. Begegne deinem Wesen, das einfach nur immer alles richtig machen wollte und das die kritischen Stimmen der anderen zur eigenen Stimme gemacht hat. Doch es ist nicht deine wahre Stimme! Du solltest wieder aufstehen, weil du es verdienst, dass du für dich weitergehst. Deshalb! Erst mal nur für dich, nicht für andere, die dir das Blaue vom Himmel versprechen, aber nie mit dir die Sterne schauen. Sie haben ihren eigenen Weg vor sich. Es gibt Menschen, die sind leer, weil sie anderen zu viel gegeben haben, und es gibt Menschen, die sind leer, weil sie im Übermaß von der Energie und Zuwendung anderer leben. Es kann überlebenswichtig sein, diesen feinen Unterschied zu erkennen! Spätestens, wenn du selbst am Boden liegst oder jemandem hochhelfen willst. Sei also besonders achtsam mit Menschen um dich herum, wenn du erschöpft bist. Dann ist es wichtig, Grenzen zu ziehen, dich dir selbst zuzuwenden und denen, die wirklich mit dir in Resonanz sind.

Vergiss die Probleme für einen Moment, vergiss die Vergangenheit, die hinter dir liegt, und die Zukunft, die womöglich unüberwindbar erscheint. Vertraue darauf, dass du all das loslassen kannst und sich dann ganz neue Lösungen finden werden.

Nimm deine Hand und leg sie dir bitte auf die Brust. Schließe deine Augen. Atme! Verweile ein bisschen bei dir, was immer aufsteigt, es ist okay, dann lies weiter …

Bevor dich die Gesellschaft und andere eingespannt haben, bevor du in die Schule kamst, wer warst du da? Warst du vielleicht ein lebensfrohes, aufgewecktes Kind? Ein Mensch, der stundenlang nach vierblättrigen Kleeblättern gesucht oder den Ameisen zugeschaut hat und die Welt als ein großes Abenteuer begriff? Du bist nur eine Entscheidung weit weg von diesem Menschen. Dieser Mensch steckt immer noch in dir. Und er versucht seit Jahren, wenn nicht gar Jahrzehnten in dieser schnellen, lauten Welt der Erwartungen den Kopf irgendwie über Wasser zu halten. Er passt sich an, er steckt zurück, er macht sich klein, verbiegt sich und ordnet sich vielleicht sogar unter. Und manchmal fragt er sich, wie die anderen das alles schaffen. Tun sie das wirklich? Wir sehen nur die Oberfläche, und wer wie eine Maschine laufen kann, ist nicht zwangsläufig gesund. Das sagte auch Jiddu Krishnamurti: *»Es ist kein Zeichen geistiger Gesundheit, gut angepasst an eine zutiefst kranke Gesellschaft zu sein.«*[23] Vielleicht ist die Welt nicht nur schwarz oder weiß zu betrachten, auch die Bibel hat dazu eine interessante Stelle: *»Geht durch das enge Tor! Denn das Tor zum Verderben ist breit und ebenso die Straße, die dorthin führt. Viele sind auf ihr unterwegs. Aber das Tor, das zum Leben führt, ist eng und der Weg dorthin schmal. Nur wenige finden ihn.«* [Matthäus 7,13–14]

Buddha sagte ebenfalls etwas über diesen [schmalen] Weg, und ich möchte ihn daher an dieser Stelle ergänzend erwähnen: *»[Und] Es gibt nur zwei Fehler, die man mit diesem Weg begehen kann: diesen Weg nie zu beginnen. Und ihn nicht zu Ende zu gehen.«*

Führt es denn wirklich irgendwo hin, wenn wir uns zu sehr an anderen orientieren und ihnen *auf dem breiten Weg* nacheilen? Der eigene Weg, den kein anderer vorher gegangen sein kann, der ist eben nicht asphaltiert und ausgebaut. Seien wir mal ehrlich: Das, was den meisten Menschen reicht, das hat dich nie lange erfüllt, richtig? Es ist für andere vielleicht genau das Richtige, ist es das auch für dich? Und letztlich hast du dieses Buch gekauft, und es heißt »Finde dich selbst ...« und nicht »So wirst du so erfolgreich wie alle anderen«.

Vielleicht sind es die Einsamkeit oder die Gedanken an die Vergangenheit, die dich nicht loslassen. Oder am liebsten würdest du die ganze Welt retten, trägst den ganzen Weltschmerz auf deinen Schultern. Da ist so viel Mitgefühl in dir! Für andere, für anderes! Was die alles durchgemacht haben, nicht wahr!

Und du?

Was ist mir dir?

Idealisierst du die anderen Menschen vielleicht oft, siehst schon mehr in ihnen, als sie sind? Und siehst ihre Herausforderungen und willst helfen? Auf der anderen Seite relativierst du dich selbst und deine Hürden. Du bist anders, du bist offen, kannst dich den Schwingungen der Welt nicht entziehen. Das macht dich so unglaublich verletzbar. Das ist keine Schwäche. Es ist eine große Herausforderung und auch eine große Chance. Und es kann kein einfacher Weg sein, der uns lehrt, mit dieser Offenheit und Berührbarkeit zu leben, ohne verrückt zu werden oder sich umgekehrt allem zu entziehen. Das

Geheimnis ist auch: Das Gefühl tiefster Einsamkeit ist nur einen Wimpernschlag entfernt von dem Gefühl, sich eins mit allem und verbunden zu fühlen. Diesen Satz habe ich einer Freundin entliehen, dafür danke ich ihr sehr. Der einzige Weg zum Licht führt manchmal auch durch die Dunkelheit. Wer in der Einsamkeit einen Feind sieht, macht aus ihr ein Monster, das alles verschlingt, was uns nur nicht einsam fühlen lässt. Doch gerade erst wer diese Einsamkeit erfährt und darin transformiert, kann Zweisamkeit wirklich in aller Tiefe erfahren.

In uns allen ist Einsamkeit verborgen, tiefste Einsamkeit. Ich empfand es manchmal als einen Trennungsschmerz vom *All-Einen,* von Gott. Nur so als Allegorie. Und diese Einsamkeit ist der Kontrast, den die Verbundenheit auch benötigt. Zusammen sind sie das Yin und Yang eines jeden Menschen. Und alles, wonach wir uns sehnen können und was uns als innerer Mangel erscheint, muss uns wie erwähnt schon innewohnen als Gefühl, sonst wäre auch kein Sehnen danach möglich. Sehnsucht ist Fülle verkleidet im Mantel des Mangels. Wir projizieren lieber schneller die Erfüllung nach außen, als dass wir die Fülle in uns erfahren … Gott sozusagen wieder in uns erfahren. Aber dazu müssen wir die Einsamkeit erst annehmen, dann wandelt sie sich zum Gefühl, mit allem verbunden zu sein … dann wird aus Einsamkeit das Gefühl, eins zu sein mit allem.

Das Gefühl tiefster Einsamkeit ist nur einen Wimpernschlag entfernt von dem Gefühl, sich eins mit allem verbunden zu fühlen. Das ist das Geheimnis.

Was also, wenn du diese Gabe, dieses Gespür und Mitgefühl, das du anderen entgegenbringst, einmal auf dich selbst ausrichtest in dieser Einsamkeit? Nur auf dich allein. Alles, was du im Außen zu finden erhoffst, trägst du schon immer in dir. Und du gibst es den anderen längst. Mitgefühl. Nähe. Liebe. Vielleicht ist dir das bisher nicht bewusst. Was bringt es langfristig, immer den Puls der anderen zu prüfen, wenn man dabei den eigenen Puls aus dem Auge verliert?

Genau das solltest du tun, dir selbst begegnen und deinen Puls und Herzschlag spüren, deine Energie und dein Mitgefühl auf dich selbst ausrichten. Und wissen, dass du nicht allein damit bist. Da du darin anderen erst bedingungslos begegnen kannst, ist das auch kein krankhafter Egoismus. Was immer wir auch für andere empfinden und ihnen wünschen, das sollten wir auch für uns empfinden.

Setze dir wie im Flugzeug bei einem Druckabfall erst einmal selbst die Sauerstoffmaske auf, nur so kannst du dich auch um die anderen kümmern. Es ist wirklich kein Egoismus, die eigenen Grundbedürfnisse vor die der anderen zu stellen. Das nennt man Selbstrespekt und

Selbstwertgefühl. Erst wenn einer für seine Wünsche und Träume andere »überfährt«, dann ist es Selbstsucht. Diesen Unterschied sollte man unbedingt kennen und beachten. Diese Erkenntnis spart uns jahrelange toxisch-explosive oder halb tote Beziehungen, Selbstbetrug und oberflächliche Freundschaften. Ehrlich sein, zu sich selbst, das ist der Schlüssel. Sich fragen, was man an Grundbedürfnissen nur nach außen projiziert oder in Träume packt. Ohne Ehrlichkeit führt kein Weg irgend-wohin. Also bleibe erst mal bei dir!

Beginne, gesunde Grenzen zu ziehen, und zwar kompro-misslos, wenn deine Bedürfnisse auf der Strecke bleiben, du dich verbiegst und unehrlich sein musst und deine Energie nicht mehr reicht. Sag erst einmal NEIN zur Welt und JA zu dir selbst. Und darum bitte ich dich sehr: Hör auf damit, deinen Weg und deine Herausforderun-gen zu relativieren! Aber dramatisiere bitte auch nichts. Für dich erscheint dein Weg lediglich normal, weil du nichts anderes kennst. Und so ist uns unsere Last nicht bewusst, bis wir sie von den Schultern nehmen. Wie viel wir wirklich tragen, spüren wir oft erst, wenn wir kom-plett am Boden liegen oder das Gefühl der Leichtigkeit neu erleben. Es ist wichtig, dass wir um das Gewicht der Last wissen, ganz wertfrei, sie als zu uns gehörend annehmen, ohne zu jammern. Und das gelingt, indem man vor allem mit einer Sache aufhört, nämlich: sich mit anderen zu vergleichen! Ganz gleich, ob sie es vermeintlich besser oder schlechter haben. Mir hat man früh beigebracht, die Zähne zusammenzubeißen, weil es immer jemanden gibt, dem es schlechter geht als mir, also soll ich mich doch bitte zusammenreißen. Und genau diese Denke ist absolut ungesund. Wir relativieren unseren Weg, aber wie alle anderen auch haben wir Ängste und müssen am Ende auch mit dem Altern und Sterben klarkommen. Wir verlieren geliebte Menschen, werden krank … es gibt nichts zu trivialisieren. Wir sollten auch einfach mal Mitgefühl mit uns haben und auf uns stolz sein! Ja, es gibt Menschen, denen geht es vielleicht in diesem Augenblick jetzt sehr schlecht. Aber niemals darf man sich vergleichen und das eigene Leben an anderen messen. Du hast ein Recht, dich zu freuen, so wie du ein Recht hast, dass dir alles auch mal zu viel ist. Erst du, und dann bist du automatisch auch für die anderen da, und zwar richtig.

Auf der anderen Seite sind uns leider auch unsere Fähigkeiten, Talente und Tugenden nicht unbedingt bewusst, weil sie für uns alltäglich sind, einfach da. Wahre Tugend macht auch keinen großen Rummel um sich! Aber jeder andere wäre keine zehn Meter weit in deinen Schuhen gekommen. So wie du auch nicht weit in ihren Schuhen kommen würdest. Es ist bedeutsam, das zu begreifen. Sieh, was es an Kraft und Wille braucht, überhaupt weiterzumachen. Und dennoch machst du weiter! Selbst wenn du nur noch kriechst, du kriechst weiter! Der einzige Mensch, der begreifen kann, was du alles vollbringst, das bist du! Es hilft auch nicht, nach Gründen zu suchen oder nach Schuldigen oder in der Vergangenheit hängen zu bleiben. Lass diese Gedanken los. Es ist, wie es ist. Deine Schwäche ist deine größte Stärke! Du bist unten, weil du nicht aufgegeben hast. Weil du nicht weggelaufen bist, kein Arsch geworden bist, der seine Probleme anderen auflädt. Weil du dein Herz nicht zugemacht hast. Es gab einfachere Wege, oh ja! Begreife, was es heißt, hier und heute ein wirklicher Mensch zu sein. Du bist einer! Sei einer!

Sich selbst zu finden bedeutet auch, sich selbst wirklich zu spüren, also ehrlich zu sich zu sein! Nur aus der Tiefe der Gefühle heraus kommen auch die Antworten auf die ganz großen Fragen:

Wer bin ich?
Was ist der Sinn des Lebens?
Was ist Liebe?
Was ist Gott?

Und nur aus der Stille heraus und aus dem tiefsten Fühlen ist zu erfahren, dass all das in unserem Herzen wohnt. Überhaupt findet uns alles aus der Stille heraus, wenn wir ganz bei uns sind: Frieden, Kreativität, Weisheit und Liebe. Und nur Gefühle vermögen wieder zu beseelen, was die Vernunft entseelt hat. Alles andere kann man als die sogenannte ›Impotenz des Herzens‹ begreifen. Ehrlichkeit braucht Mut, der Weg in wirkliche Freiheit war schon immer der unbequemste. Du hast gekämpft, du hast gerungen, die bist weder weggelaufen noch hast du dich verschlossen. Deshalb ist es so schwer. Und deshalb bist du so stark! Und deshalb liest du dieses Buch und arbeitest an dir.

Umarme deine Vergangenheit. Umarme den Menschen, der du warst. Was hat er alles getragen und wie sehr hat er gekämpft ... und immer versucht, alles richtig zu machen! Nun umarme den Menschen, der du heute bist. Dann war es jede Schlacht wert, und die Vergangenheit kann endlich Frieden finden.

Also los ... bleib liegen, aber mit Würde, bis du wieder hochkommen kannst. Dann krieche mit Würde weiter, bis du aufrecht laufen kannst ... und dann lauf! Es ist egal, was du auf deinem Weg alles verlierst, du kannst dich selbst nicht verlieren, außer du gibst dich auf. Nimm dir die Zeit, die du brauchst, du wirst sie bekommen! Das Herauswachsen aus alten Vorstellungen und deinem gewohnten, leblosen »Emotionalkörper« braucht eine Weile und wird schmerzen. Schwierig wird es, wenn dir beigebracht wurde, dass derartige Gefühle und Schmerzen keinen größeren Raum haben dürfen, dass du dich »zusammenreißen« und funktionieren musst, dass »es nun auch mal wieder gut sein muss«. Nein, das muss es nicht! Nicht so. Der Zwang zum ewigen Positivismus macht die halbe Welt taub und die andere Hälfte macht er arm.

Egal wer mit dir bleibt und zu dir steht in diesem Prozess, am Ende stehen die richtigen Menschen bei dir. Sei stolz auf dich und wende den Blick von deinen dunklen Gedanken ab. Sie haben dich überleben lassen, jetzt lebe wieder! Du bist nicht allein … und dank dir sind andere nicht allein damit. Verstehst du?

Selbstliebe ist kein Hurra im Spiegel – Selbstliebe ist auch die Umarmung des inneren Kritikers, des Störenfrieds und Angsthasen. Selbstliebe ist, wenn wir endlich die Vergangenheit ruhen lassen, wenn wir damit aufhören, die Schuld für unser Leben bei unseren Eltern, Partnern, Vorgesetzten oder anderen Menschen zu suchen. Selbstliebe ist, wenn wir nicht mehr irgendwelche »Ersatz-Erziehungsberechtigten« konsultieren. Selbstliebe ist die Selbstverantwortung, die wir übernehmen, wenn wir endlich diesen ganzen Haufen Mist in die eigene Hand nehmen, wenn wir erwachsen werden und alle Konsequenzen der Vergangenheit des gesamten bescheuerten Universums akzeptieren und tragen und hier und jetzt schauen, wie wir das Beste daraus machen können. Selbstliebe ist, wenn wir endlich Verantwortung für dieses Wesen übernehmen, das wir nun einmal sind – mit all seinen Schatten, Lasten, Schwächen und Zweifeln. Und Selbstliebe ist Nachsicht und Vergebung, wo wir bei all den guten Absichten auch mal kläglich scheitern und versagen. Und wenn uns das mit der Liebe bei uns selbst gelingt, gelingt es uns auch in den Beziehungen mit anderen. Selbstliebe ist, wenn wir endlich etwas daraus machen. Selbstliebe ist Selbstverantwortung, Selbstbewusstsein und Selbstentfaltung. Und Selbstliebe ist Mitgefühl mit sich selbst. Du verdienst es!

Wir reifen und wachsen letztlich erst an unseren Irrwegen, Umwegen, Krisen und Ent-Täuschungen zur Einsicht hin, dass es Zeit ist, mit dem vielen Denken, Planen und Urteilen aufzuhören und uns wieder dem Wahrhaftigen hinzugeben, was wir sind und was ist. Weniger darf wieder mehr mit uns machen, anstatt dass uns das Mehr immer weniger berührt. Wir sollten leben, denn überleben werden wir das Leben ohnehin nicht – weder unsere Erfolge noch unser Scheitern. Bei starkem Seegang im Leben, wenn wir fürchten zu ertrinken, müssen wir endgültig jeden Ballast loslassen, der uns in die Tiefe zieht, ganz gleich, wie sehr wir daran klammern. Erst dann erkennen wir, was uns wirklich trägt. Dass uns etwas trägt, worauf wir vertrauen können! Der Mystiker Johannes vom Kreuz bezeichnete diesen Prozess der Krise, die uns zurück zu *Gott in uns, zurück ins Urvertrauen* führt, als »dunkle Nacht der Seele«[24]. Wie bei einem Nachtvogel blendet zu viel Licht unsere Pupillen. Das Unvorstellbare passt nicht ins Vorstellbare. Darum empfinden wir das Leben oft als Qual, weil wir glauben, um uns herum sei nur Dunkelheit, die uns verschlingt, wenn wir aufgeben. Das Licht erscheint uns schnell als Finsternis, es übersteigt das Fassungsvermögen unseres Geistes, es verdunkelt unsere Sinne. Mystische Theologen bezeichneten dieses Licht daher auch oft als »dunklen Strahl« für den Menschen, der es nicht erkennen und begreifen kann. Ich mag dieses Bild. Es erinnert mich ein wenig an die bekannte Analogie von der Raupe, die fürchten muss, dass ihr Leben verwirkt sei, nun, da sich ihr Kokon öffnet.

Sie weiß nicht, dass sie inzwischen fliegen kann, und würde im ersten Moment wohl lieber in der Dunkelheit bleiben. Das Licht der Freiheit und Lebendigkeit könnte sie fast zu Tode erschrecken. Nun wissen wir aber natürlich nicht, was Raupen in ihrem Kokon so denken. Vielleicht denken sie ja auch nur: »Alter, was dauert das denn so lange mit den Flügeln! Her mit dem herrlichen Leben!«

»Wenn ich loslasse, was ich bin, werde ich,
was ich sein könnte. Wenn ich loslasse, was ich habe,
bekomme ich, was ich brauche.«

LAOTSE

Vergebung, Schuld, Verantwortung

Erst als ich alles verloren wähnte
und einfach nicht mehr weiterwusste,
da verstand ich zum ersten Mal,
dass es wirkliche Schuld nicht gibt.
Dass jeder jederzeit sein Bestes gibt
und das Richtige tun will;
dass das Beste aber oftmals leider
viel zu wenig ist und das Richtige
nur ein etwas weniger Falsches.
Auch begriff ich, dass jeder Mensch
eine große Verantwortung trägt,
für sich selbst, aber auch für andere;
dass aber nur wenige wirklich in der Lage sind,
diese Verantwortung auch zu übernehmen,
ohne sie anderen unbewusst aufzubürden.
Auch stellte ich fest, dass Vergebung und
Selbstvergebung der einzige Weg sind,
um wirklichen Frieden zu finden;
ganz gleich wie die Umstände sich gestalten.
Als ich alles verloren glaubte und
keinen einzigen Schritt mehr weiterwusste,
erst da begriff ich tatsächlich auch
den Unterschied zwischen Sympathie,
aus einer Position der Macht heraus
und echtem Mitgefühl auf Augenhöhe;
und warum jeder Mensch wirkliches

Mitgefühl verdient und warum Mitgefühl
keinem eine Last sein muss. Im Gegenteil!
Und ich sah auch, dass ich niemals über
jemanden urteilen sollte, dessen Leben
ich nicht durchlebt habe.
Und dass seine Lebensgeschichte mir nur
da zur Last wird, wo sie mir die eigene
Lebensgeschichte vor Augen führt,
die ich selbst noch nicht (er)tragen kann.
Aber so steht es auch keinem anderen zu,
über mein Leben zu urteilen.
Als ich nicht mehr weiterwusste,
da verstand ich überhaupt zum ersten Mal,
dass wir eigentlich fast gar nichts begreifen;
dass unser großes theoretisches Wissen
erst da zum Begreifen wird, wo wir es auch
umgesetzt, erfahren und gefühlt haben.
Als die Welt über mir zusammenbrach,
erwachte ich ebenfalls zur Erkenntnis,
dass ich zwar hohe Mauern um mich
herum errichtet hatte und unsanft
und übereilt gegen viele Mauern anderer
angestürmt war, dass ich aber selten
gesunde Grenzen ziehen und die Grenzen
anderer wirklich respektieren konnte;
und dass Mauern eben immer die letzten
Barrikaden sind, wo längst schon alle
Grenzen verletzt wurden; dass ein Berühren

und Begegnen weit vorher geschehen muss;
dass weniger dabei oft so viel mehr bewirkt,
es aber eben Zeit und Aufmerksamkeit benötigt.
Als nichts mehr ging und ich nicht
mehr auf die Beine kam,
da weinte ich auch bitter um jeden Tag,
den ich überstürzt durch das Leben gehastet bin,
statt im eigenen Tempo der Seele
durch einen Wald zu schreiten.
Und um jeden Schritt trauerte ich,
den ich nicht an der Hand
geliebter Menschen gegangen bin.
Als ich allein dalag, da verstand ich,
dass alles Glück dieser Welt nur ein
Glück ist, wo ich es mit anderen
teilen kann, aber niemals teilen muss.
Und dass jeder andere nur ein Teil von mir
und meiner Seele ist, ganz gleich ob ich
ihn liebe, fürchte, neide oder hasse.
In jedem begegne ich mir doch nur selbst.
Da fühlte ich mich wie eine Scherbe …
unter Milliarden von Scherben plötzlich.
Und anstatt weiter nach den wenigen
Bruchstücken zu suchen, die wirklich
exakt an meine Bruchkanten passten,
da begann ich einfach überhaupt mal damit,
wieder die Scherben mit mir zu verkleben.
So entstand keine wirklich perfekte Vase,

sondern erst mal eher ein Aschenbecher
mit einer Art Rüssel dran und zwei Flossen.
Doch je weiter ich mich verklebte,
desto deutlicher zeigte sich etwas
wundersam Schönes und Unvergleichliches darin.
Und irgendwann wird dieses Ding noch fliegen.

Dinner for One – eine Parabel

»*Es begann mit einem Nein! zu allem anderen und einem Ja! zu mir selbst. Und alles begann zu fließen! Das Richtige floss mir immer mehr zu, das Falsche fort. Ich ließ es geschehen. Als ich aufhörte, dem Weg zu widersprechen, da konnte ich plötzlich das Meer wieder hören! Da war immer weniger Zwang, kaum mehr Widerstand und kaum Sorgen. Nur immer mehr Vertrauen.*«

Mit dem Gewahrsein meines eigenen Schmerzes und mehr Vergebung und Mitgefühl mir selbst gegenüber begann eine Transformation. Ich begann, für mich selbst da zu sein.

Ich habe mein ganzes Leben lang versucht, andere zu berühren. In meinen Gedanken, mit Sprache, Texten, Fingerspitzen und Lippen. Und immer dachte ich, das sei nicht genug. Dabei war ich mir selbst lange nicht genug und bin mir in jedem anderen selbst begegnet. Ich habe unfassbar viel gegeben von dem, was ich bin und kann, um mich am Ende doch oft schuldig, leer und egoistisch zu fühlen, weil es nicht das war, was man hätte geben können oder sollen, weil das, was zurückkam, zwar intensiv, aber selten das war, was mir fehlte. Weil ich nicht gesehen wurde, während ich versuchte, die anderen zu erkennen in ihrem Nebel.

Nicht einen Bruchteil dessen, was ich anderen geben wollte und konnte, hätte ich mir selbst geben können. Und so begegnen einem immer nur Menschen, die all das nehmen können, aber nichts wirklich geben; oder die eine völlig andere Sprache sprechen, um ihre Gefühle auszudrücken. Oder man begegnet Menschen, die auch nur das Geben kennen, und so gibt man alles um die Wette und versteht sich zwar im Geben, aber keiner ist auf Empfang. Jeder andere ist sich auf seine Weise ebenfalls nicht genug.

Diese Erkenntnis glich bei mir einer kompletten Bankrotterklärung meines Gefühlslebens, ich schlitterte selbst in eine schwere Krise, habe sehr viel verloren, aber gerade in dieser Krise auch erst das Entscheidende begriffen: Eine Krise, die wir oft vorschnell als ein Loch erachten, in das wir hineinfallen, gleicht vielmehr einem Berg, auf den wir mühsam hinaufklettern müssen. Aber erst einmal da oben auf dem Gipfel angekommen – *da oben im Unten* –, wo die Klarheit zurückkehrt und der innere Nebel der Zweifel und Ängste abzieht, da wird der Blick wieder frei auf den fernen Horizont, und alles Wesentliche liegt uns ganz überschaubar direkt zu Füßen.

Dann können wir wieder hinabsteigen – *hinab ins Hinauf* –, leichten Schrittes, mit einem Ziel klar vor Augen und einem Gefühl für die Weite des Lebens im Herzen.

Ich habe in dieser Situation damals folgende Parabel über den Prozess der Krise geschrieben:

Und so setzte ich mich eines Tages mit meinen Enttäuschungen an einen Tisch, und wir begannen zu reden. Es dauerte nicht lange, da gesellten sich die Verbitterung dazu, der Schmerz, der Zweifel, die Hoffnungslosigkeit, die Angst, die Trauer, die Wut und der Hass. Ich habe ihnen zugehört, lange, zu lange. Alle redeten durcheinander und trugen ihre Argumente vor. Augenhöhe sollte ich wahren, wurde mir nahegelegt, sie alle ernst nehmen. Das habe ich getan. Dann schenkte ich uns allen etwas Wein nach, strich mir die Strähnen aus dem Gesicht, erhob mich und begann zu sprechen …

»Ja, ihr alle habt recht! Zu leben bedeutet zu leiden, was lohnt es also, auch nur einen einzigen Schritt weiter zu wagen. Oder wie der große Philosoph Albert Camus dereinst erklärte: Die menschliche Existenz sei eine hoffnungslose Absurdität. Gott sei tot und das Leben insgesamt sinnlos. Wir würden in einer hoffnungslosen Welt leben und dennoch so tun, als hätte alles einen Sinn. Die einzige wirkliche Frage der Philosophie sei, so schlussfolgerte Camus: ›Warum bringen wir uns nicht alle gleich um?‹[25] Wir scheinen nur in diese Welt geboren, um wieder zu verschwinden. Nichts bleibt, alles ist schon im Augenblick verloren, wo es errungen ist. Und wie oft sind wir schon gescheitert darin, all das zu verdrängen und zu vergessen. Alles um uns herum entsteht und vergeht, und wir haben uns eingeredet, dass es uns selbst nicht betrifft. Die Realität aber klopfte immer wieder an. Recht habt ihr, es ist sinnlos! Und darum leiden wir. Aber recht zu haben ist dumm in einer Welt jenseits von richtig und falsch.

Und wir sind beileibe nicht allein damit! An Milliarden Tischen saßen schon Milliarden Menschen mit ihrer Hoffnungslosigkeit, ihrer Trauer, ihrem Schmerz und schüttelten den Kopf. So viel Leid, so viel Verzweiflung. Und über allem die große Frage:

Wo nur ist Gott und warum lässt Gott das zu?

Ich habe genug gehört, ihr treuen Gefährten. Nun hört, was ich dank euch begriffen und zu euch zu sagen habe: Eure Natur ist Ignoranz. Ihr habt so vieles gesehen, und vor nichts habt ihr die Augen verschlossen, ihr wisst so vieles, und doch habt ihr das absolut Wesentliche nicht erkannt. Nämlich, dass ihr noch immer nichts wisst. Ihr scheint so klug und überzeugend, doch von Weisheit fehlt jede Spur. Eure Gedankenwelt ist mir zu klein geworden. Und euch weiter ernst zu nehmen bedeutet, weiter einem Puppentheater beizuwohnen statt dem wirklichen Wunder des Seins. Alles braucht seine Zeit, auch das Begreifen, dass es irgendwann zu spät ist. Zu lange schon höre ich euch zu! Jetzt habe ich euch endlich verstanden.

Was sieht, kann nicht gesehen werden. Der Geist ist weit und groß, und doch passt das Bewusstsein über all die Gedanken nicht hinein. Es erblickt alles, jeden Anfang, jedes Ende. Unveränderlich, unbegreiflich, unsichtbar für alle Sinne und Gedanken, die in ihm geboren werden. Allein das ist die Natur des Bewusstseins, es ist der Urgrund, auf dem alles erblüht und verwelkt. Es ist unsere wahre Natur und die Natur aller Dinge. Ob ihr es Gedanken, Bewusstsein, Gott oder Unsinn nennt, es hört und stimmt euch zu.

Diese Welt ist ein Wunder, und ganz gleich ob ihr nüchternen oder negativen Gedanken die Geschichte dieser Welt über Milliarden von Jahren nachvollziehen und sie bis zu einem Wimpernschlag nach ihrer Geburt berechnen könnt, ihr Beginn ist die Geburt eurer Logik. Ihre Geburt war ohne Grund und ein Wunder. Und schaut euch diesen Körper an, dem ihr innewohnt, diesen Haufen an Materie, die in Millionen Sternen erbrütet wurde. Materie, die sich nun selbst verstehen will. Materie, die sich eine eigene Welt, eine Gedankenwelt erschaffen hat. Und diese Welt kennt keine Wunder mehr. Denken ist nicht wundern. Das Vorstellbare ist nicht mehr das Unvorstellbare. Und genau das ist die Natur eines Wunders. Eure Welt ist die der Vorstellungen, Erinnerungen und Gewissheiten. Doch Zukunft oder Vergangenheit existieren nicht. Es ist immer nur jetzt! Das Gestern war schon gestern verloren, und das Morgen ist auch morgen nur das Morgen. Meine wirkliche Welt kennt keinen anderen Ort als den, an dem ich hier sitze oder stehe, und sie kennt keinen anderen Zeitpunkt als die Gegenwart. Und genau hier und jetzt meine trüben Gedanken, da könnt ihr nicht verweilen! Wo wäre die Angst ohne das Morgen, wo wäre der Zweifel ohne das Gestern? Ihr seid eine Welt, die ich nicht mehr so leichtfertig betreten will. Eine Illusion. In eurer Gedankenwelt ist kein Platz für etwas Göttliches, kein Raum für ein wirkliches Wunder, keine Zeit für tugendhafte und echte Gefühle. Eure Welt ist gut darin, große Spektakel zu Wundern zu erklären, dabei übersieht sie das wahre Wunder, das allem innewohnt, jedem Grashalm, jedem Gedanken, jedem Augenblick. Ihr kratzt nur an der Oberfläche. Doch in der Tiefe jedes Augenblicks wohnt die Ewigkeit.

Hier und jetzt zu stehen, das ist alles und so viel mehr, als ihr euch vorstellen könnt! Ganz gleich ob diese Welt nun Gott erschaffen hat oder ob sie ein Urknall ausspuckte. Dass sie so ist, wie sie ist, ist ein Wunder, denn eigentlich dürfte sie nicht sein. Und dass wir Menschen sind, in ihr, so wie wir sind, ist ein noch viel größeres Wunder.

Und so geht es mir gut, und das geht vorbei. Und dann geht es mir schlecht, und auch das geht vorbei. Am Ende bleibt nur eins … nämlich ich! Wird dieser Leib auch verfallen und dieser Geist alles Erlebte vergessen und keine Zukunft mehr erblicken, was ich wirklich bin, bleibt davon unberührt. Ich wohne in Gott, und Gott wohnt in mir. Eure Natur ist die Dummheit ab dem Augenblick, wo ihr wirklich glaubt, die Welt zu verstehen. Eure Gedankenwelt ist einfach zu klein für die Welt. Ihr wisst nicht viel und seid nicht viel; ihr nehmt euch einfach viel zu wichtig. So trinkt euren Wein aus. Aber dann bitte ich euch zu gehen. Es war ein Fehler, euch so lange und im Vertrauen bedingungslos zuzuhören. Denn wie sagte der große Zen-Meister Suzuki Roshi: ›*Öffne deinen Gedanken die Vorder- und Hintertüren. Lass sie kommen, lass sie gehen. Aber serviere ihnen keinen Tee!*‹[26] Auch das mit dem Wein lässt man am Ende besser sein. Denkt konstruktiv und lasst euch vom Herzen zurück ins Staunen und Vertrauen führen, ansonsten gebt Ruhe. Es interessiert mich nicht mehr.«

WAS DU KONTROLLIERST, KONTROLLIERT DICH

»Im Grunde gleicht das Leben einem Schachspiel.
Irgendwo ganz am Rand steht am Ende
immer eine Figur, die du übersehen hast.
Wenn du Glück hast, ist es wenigstens deine eigene!«

Ich möchte in diesem Kapitel über das Loslassen schreiben. Damit meine ich das Loslassen aller Absichten oder Befürchtungen, nicht das verkrampfte Loslassen materieller Dinge. Die Lebensphilosophie des Minimalismus und des bewussteren Konsumierens entwickelt sich aktuell zu einem neuen Trend. Ich befürworte diese Entwicklung, weiß aber auch aus eigener Erfahrung, dass dies allein noch nicht zwangsläufig in eine größere innere Fülle führt.

Je mehr wir uns dem hingeben, was jetzt ist und was wir wirklich sind, umso mehr werden wir im Wenigen finden, was wir wirklich brauchen; dann arrangieren sich die äußeren Umstände ganz von allein und ohne Absicht und Druck. Dieses Erkennen und Erleben wird uns ganz finden, wenn wir auf unserem Weg sind und uns auch darin üben.

Nur eine Sache müssten wir in der Tat aufgeben, um wirklich frei und unabhängig zu sein, alles andere könnten wir auch getrost behalten: Wir müssten uns lediglich darin üben, die Überzeugung loszulassen, dass wir hier irgendetwas brauchen oder müssten. Sich bewusst einzuschränken und zu verzichten kann ein Teil dieser Übung sein. Das Wesentliche findet mit dieser Einsicht ganz von selbst zu uns, der Rest verschwindet. Wir werden automatisch viel achtsamer und bewusster mit dem, was wir festhalten, und viel freier darin, uns wieder davon zu lösen. Und so geht es um das Loslassen im Kopf, um das Abgeben der Macht und Kontrolle, nicht nur um das Loslassen mit den Händen.

Haben wir wirklich so viel Kontrolle im Leben, wie wir glauben? Ist der Versuch, immer alles richtig zu machen, überhaupt langfristig erfolgreicher, als zu fließen und seinem Bauch und der Intuition zu folgen? Der Lieblingssatz einer Freundin war immer: »Gut gemeint ist noch lange nicht gut, Jeanne!« Hatte sie recht?

Was passiert, wenn wir unsere Erwartungen und Ziele, unsere Ängste und Sorgen einmal komplett loslassen? Und warum gelingt das so schwer? Was zeigt sich dann und wohin führen ein ewiges Erzwingen und Ringen auf Dauer?

Vor ein paar Wochen ist mein Gummibaum eingegangen. Meine Eltern hatten ihn mir vor zwanzig Jahren gekauft. Natürlich versuchte ich alles, um ihn zu retten.

Leider vergebens. Was mich tröstete, war, dass im gleichen Topf noch eine Drachenpalme wuchs, die mir meine Eltern schon davor, vor zweiundzwanzig Jahren, geschenkt hatten. Doch auch diese Palme ging ein. Mein ursprünglicher Plan war es, mich gut um beide Pflanzen zu kümmern, und so hatte ich sie umgetopft und vielleicht zu viel gegossen, *es zu gut gemeint*. Ich versuchte, Absenker zu ziehen, aber alle verkümmerten recht schnell. Schließlich knickte auch der letzte Trieb der Palme beim Umtopfen ab, und ich gab auf. Ich warf alles Organische in den Mülleimer und stellte den Blumentopf raus auf den Balkon. »Dann wird es wohl Zeit loszulassen«, dachte ich, trocknete ein kleines Stück Holz vom Stamm und steckte es mir als Erinnerung in meine Tasche.

Etwa eine Woche später wollte ich die Erde aus dem Topf in einen Kübel umschütten, um dort Chilis zu ziehen, wie jedes Jahr. Da entdecke ich: Im Topf liegt noch der abgeknickte Absenker. Er ist immer noch grün, und zwar grüner als vor einer Woche. Obwohl es kalt draußen war. »Wie hat er das überlebt?«, frage ich mich. Der Stumpf des Triebes war abgefault, darum war er abgeknickt. Nun aber war diese weiche Stelle komplett vertrocknet und bildete eine Wurzel aus. Jetzt steht der Trieb in einem Glas neben mir, es scheint, als hätte ich wieder eine kleine Palme. Und das nur, weil ich aufgehört habe, sie zu retten. Das Unerwartete war die Lösung, und, ganz nebenbei wird diese Palme nun in einem

Buch ein Stück weit unsterblich. Nur eine Geschichte, aber eine schöne …

*Wenn du alles andere loslässt und vertraust,
entdeckst du dich selbst wieder.
Und langsam begreifst du dann, dass du dich
niemals wirklich verlieren kannst.*

Die Kontrolle abgeben, loslassen, hineinfallen in einen grenzenlosen Raum voller Gefühle und Vertrauen – das ist ein wichtiger Weg heraus aus den dringendsten Sorgen, denn er transformiert alles. Dieser Raum der Liebe, dieser Raum in Gott, er befindet sich in uns, und wir befinden uns in ihm. Es ist der einzige Raum, in dem auch Wunder geschehen können, denn ihm wohnt das Unerwartete inne. Es ist der Raum ohne begrenzte Gedanken und Vorstellungen. Es ist der Weg heraus aus alten Mustern und Erfahrungen und hinein ins Neue. Es ist der Weg heraus aus komplizierten, verworrenen Situationen, hinein in ein Gefühl, das uns eine klare Antwort und Richtung sein kann. Dann fügen sich die Dinge, wir fliegen weiter, anstatt zu kriechen, zu ringen, zu erzwingen. Wisst ihr noch, wie ihr geflogen seid, als euer Herz leidenschaftlich schlug – für etwas, für jemanden? Oder wenn etwas passiert ist, mit dem ihr nicht gerechnet habt, das euch herausgeholt hat aus dem tristen Alltag? Und hat nicht auch der ungewünschte Schmerz, der sich in seiner ganzen Intensität zeigen durfte, dabei geholfen, endlich die Vergangenheit hinter sich zu lassen, zu trauen, um endlich weiter zu können? Wie oft haben wir geheult, und plötzlich ging die Sonne wieder auf. Und immer ging irgendwo unerwartet eine neue Tür auf, sonst wären wir doch nicht mehr hier. Und dieses Vertrauen ist mehr als Hoffen oder Glauben, es ist eine Gewissheit, dass die Luft uns tragen wird, wenn wir loslassen. Aber die Luft kann nur tragen, Gott kann nur tragen, wenn wir dieses Vertrauen haben. Dann geht es auch weiter. Nur wenn ich mich einer Erfahrung ganz hingebe, Schmerz oder Glück in aller Tiefe zulasse, was immer sich da zeigen will, kann ich darin auch zweifellos erkennen, was ich damit anfangen soll.

Erinnert ihr euch an Harrison Ford im Film *Indiana Jones und der letzte Kreuzzug?* Um seinem Vater, gespielt von Sean Connery, das Leben zu retten, muss Indy den Heiligen Gral aus einer Höhle beschaffen und dazu gefährliche Fallen überwinden und große Prüfungen bestehen. Und dann steht er vor dem Abgrund, und seine Peitsche hilft dieses Mal nicht weiter. Der einzige Weg über den Abgrund für ihn ist es, *den Fuß in die Luft zu setzen,* mutig zu sein und in diese unsichtbare Kraft zu vertrauen. Und er wäre nicht Indiana Jones, würde er das nicht meistern. Das macht ihn gerade zum Helden und seinen Weg zur Heldenreise. Eine unsichtbare Brücke trägt ihn dem ewigen Leben, dem Gral entgegen. Was für eine Metapher!

Sein Verfolger hat weniger Vertrauen in Gott, er wirft Sand über den Abgrund und kann auf diese Weise die unsichtbare Brücke sicher erkennen und ebenfalls meistern. Das ist zwar klug und sicher, aber doch keine Tugend und kein Vertrauen, und wird am Ende mit einem der spektakulärsten Filmtode meiner Jugend bestraft. Er wählt mit seiner Klugheit den falschen Becher und damit den Tod. Indiana Jones aber erkennt den Gralsbecher und rettet seinen Vater und die Welt. Happy End. Wie immer für Helden.

Also ganz gleich vor welchem Abgrund wir stehen, wir dürfen auch immer mal wieder loslassen und vertrauen. Am Ende des Lebens müssen wir loslassen können. Ich glaube, das ganze Leben ist eine Prüfung, um genau das zu lernen.

Unsere Angst, die Kontrolle zu verlieren, ist zudem oft auch unsere größte Sehnsucht. Wer wünscht sich das nicht, sich ganz fallen zu lassen, jedenfalls für Momente. Ein Eintauchen in den Fluss der Schöpfung, dem wir dereinst entstiegen sind. Alles hat sich bis zu unserer Geburt von selbst gefügt, doch nun glauben wir, wir galoppieren gegen die Wand, wenn wir nicht die Zügel fest in der Hand halten. Aber wohin reiten wir denn wirklich mit zu viel Kontrolle? Der Weg führt immer weiter auf der gleichen breiten Straße. Der Weg gerät zur Routine, wir wissen womöglich sogar, dass es nicht mehr unser Weg ist, aber wir galoppieren immer weiter geradeaus. Und dann wollen wir per Willenskraft loslassen, frei und leidenschaftlich sein. Das kann so niemals funktionieren.

Unseren eigenen Weg hat kein anderer bisher betreten, geebnet, asphaltiert, er ist wild und abenteuerlich, nur wir allein können ihn beschreiten. Auch wenn wir das wissen, ist es schwer mit dem Loslassen. Wir denken es uns so schwer! Wir glauben, wenn ich jetzt alles loslasse im Kopf, wäre mir alles egal, und dann wird mir das Leben völlig entgleiten, und es wird wehtun oder keinen Sinn machen. Wir glauben, wir brauchen immer ein Ziel und einen Grund. Und so bleiben wir in der Scheinwelt unseres Kopfes und folgen weiter den Gedanken. Gedanken, die ohne die rechte Führung des Herzens uns selbst doch erst in schwierige Situationen gesteuert haben.

Das ist ein denkbar langweiliges Spiel, und man muss es durchschauen, um zu verstehen, was Loslassen wirklich bedeutet; und warum das nicht das Ende unserer Existenz bedeutet und sehr wohl auch zu unseren *Zielen* führt. Wir fürchten, wir würden uns und unseren Weg verlieren. Nein! Im Gegenteil! Ohne das Loslassen, das So-sein-Lassen, ohne Hingabe und Akzeptanz verzetteln sich die Gedanken immer weiter in sich selbst, am Ende verändert sich nichts wirklich, und wir bleiben in den alten Bahnen gefangen. Letztlich sind es die Gefühle, die uns aus dem Kopf befreien können. Ein einziges aufrichtiges Gefühl ist imstande, uns zu transformieren und uns das rechte Ziel zu zeigen. Es muss nur intensiv genug sein. Wir haben in jedem Augenblick die Chance, ein komplett anderes Leben zu beginnen. Wir gehen den Schritt aber nicht, solange nicht das richtige Gefühl hinzukommt. Gefühle entspringen vor allem aus neuen Erfahrungen, aus dem Unerwarteten, aus dem Ungeplanten und aus dem vollumfänglichen Erfahren des Gegenwärtigen, das ist und sich zeigen will. Doch wie sollen wir dort hingelangen, mit zu vielen Erinnerungen an die Vergangenheit und zu vielen Vorstellungen für die Zukunft im Gepäck? Wir sehen den Weg vor uns und den Weg hinter uns, aber ob es wirklich unser Weg ist, erkennen wir nur, wenn wir innehalten, die Augen schließen und fühlen, was ist, hier und jetzt. Alles, was wir uns als Ziel vorstellen können, kennen wir schon. Wir kommen mit dem Kopf immer wieder in der Vergangenheit an, sie wird einfach nur ständig neu tapeziert. Aber genau das haben wir gelernt: Alles hat einen Preis, jedes große Ziel rechtfertigt seinen Weg.

Als ich vor zwanzig Jahren noch Angestellte in einem großen Konzern war, hing in unserem Raucherraum ein Poster. Darauf stand: »Computer helfen uns, Probleme zu lösen, die wir ohne Computer nie hatten.« Diese Satz huscht mir eben durch den Kopf beim Schreiben, denn Ziele bedeuten Fortschritt. Aber noch lange kein Wachstum. Das Beispiel, an dem ich das nämlich festmachen möchte, sind Smartphones. Sie überfüllen uns mit Informationen und halten uns immer auf Abruf, bis wir keine Ruhe mehr finden. Und jetzt laden sich Menschen Meditations-Apps oder »smarte« Apps zum Einschlafen auf das gleiche Handy, das sie am Schlafen hindert. Das ist eine wunderbare Allegorie, die das Leben auch auf anderen Ebenen bestens beschreibt. Wir haben Ziele, die dann die neuen Gründe für neue Ziele werden. Wir eilen, aber verweilen nicht mehr. Wir tun, aber ruhen nicht. Wir *schreiten fort, entwickeln uns,* aber wir verlieren uns selbst im Fortschritt und wachsen nicht wirklich. Darum ist es wichtig, nicht nur Ziele zu haben. Und wenn schon, dann Ziele, die auch das Herz anstrebt und nicht nur der Kopf.

Es ist ein Irrglaube, dass das Loslassen aller Vorstellungen und Träume einer Selbstaufgabe gleichkäme. Nein, es ist gerade eine Zuwendung hin zum Selbst! Aber sie entzieht sich unserer Kontrolle, und deshalb lassen wir nicht los.

Und wir lassen nicht los, weil sich vieles, was wir festhalten, am Ende als Schein und Illusion des Glücks entpuppen könnte. Dabei würde genau die Enttäuschung das Ende der Täuschung und den Beginn der Wahrheit signalisieren.

Kontrollieren bedeutet immer auch ein Gefangensein. Was wir kontrollieren, das kontrolliert uns, es hat Macht über uns. Diese Kontrolle ist am Ende nur eine Illusion. Wir haben Angst! Angst, orientierungslos zu werden, denn es könnte sich herausstellen, dass unser bisheriger Weg nicht mehr der richtige ist. Und das würde wehtun. Und je länger wir auf diesem Weg unterwegs sind, umso enttäuschender wäre die Erkenntnis. Es käme einem Scheitern gleich, glauben wir.

Doch ist es wirklich ein Scheitern, sich und seinen innersten Bedürfnissen wieder nähergekommen zu sein?

Wir können auf eines vertrauen: Lassen wir all unsere Erwartungen und Pläne los, dann wird zu uns finden, was zu uns gehört. Und es wird bei uns bleiben, was weiter bei uns bleiben soll. Eigentlich ganz einfach.

Loslassen ist Begreifen. Und Begreifen ist Fühlen und Erfahren, ganz ohne vage Vermutung und ohne Zweifel. Im Begreifen treffen wir eine Wahl in völliger Überzeugung und nicht Tausende Entscheidungen, in die wir uns zur Ablenkung hineinflüchten, um Zeit zu »gewinnen«. Dann wissen wir, was wir wollen und nicht wollen – dann stehen wir am Morgen auf, werfen alles hin oder halten endlich mal etwas richtig fest. Indem wir uns dem Gegenwärtigen ganz hingeben, es erfahren, finden wir den Impuls, das Entscheidende zu verändern. Verstehen allein ist nicht genug.

Du kannst jetzt auch mal alles loslassen, was du nicht lösen kannst; weil die Zeit dafür nicht da ist oder die Ressourcen fehlen. Lass alles los, worin du dich verzettelt hast. In dem Raum, den du dann betrittst, findest du alles, was du benötigst, um wieder festzuhalten, weiterzumachen und das Leben zu transformieren. Praktisch bedeutet das zum Beispiel: Nimm dir jeden Abend zwanzig Minuten vor dem Einschlafen, wo du alles aus dem Kopf verbannst. Weil du genau dann nichts lösen kannst und sollst. Lass alles los. Auch die Ziele und Erwartungen. Nur für zwanzig Minuten, das ist schon ein großer Anfang. Und du wirst feststellen, am nächsten Morgen kommen die meisten Antworten und nächsten Schritte dann von allein.

Wer frei sein will, braucht diese Freiheit von seinen Gedanken, und nur der erlebt den freien Fluss seiner Gefühle. Er braucht diese Gedankenfreiheit, die Stille im Kopf, nicht permanent, doch sie wird immer mehr zu einem treuen Begleiter. Wenn Denken und Fühlen im richtigen Maß sind, beginnen sich die Dinge ganz von selbst zu transformieren, ohne großes Kämpfen und Ringen – alleine dadurch, dass wir diesen Raum in uns eröffnen, in dem etwas fließen darf. Ich hätte mir diese Einsicht viel früher im Leben gewünscht, sie kam aber erst durch die Auseinandersetzung mit diesen Themen und mit dem Weg, mehr und mehr meinem Herzen zu folgen, wenn das Abenteuer zur Heldenreise rief. So trivial diese Erkenntnis auch erscheint, so gewaltig ist sie. Ich bin ein Mensch mit Herz und weder eine Denk-Maschine noch ein Sklave von Gedanken:

Komm steh auf, lass los und geh –
vertrau und lauf, natürlich tut's erst weh!
Schon bald umgarnt dich jener alte Zauber wieder,
der seine Kraft so lang verloren.
Dann komponiert das Leben wieder große Lieder,
dann tanzt und singt das Herz, das fast erfroren.
So fügt sich dann, auf wundersame Weise,
alles selbst, ganz still und leise.

Es ist, was es ist

Loslassen – das war auch die große Herausforderung meines Lebens. Endlich die Dinge ihren Gang gehen, fließen lassen, mich hingeben, bewusst wahrnehmen und im Gegenwärtigen präsent sein. Dann offenbart es sich, das Unglaubliche und Undenkbare, und mit was für einer Kraft! Das hieß vor allem auch aufzuhören, so viel zu kämpfen.

Dinge, die passen sollen, die passen einfach. Und es hat sich immer bestätigt, es war im Zweifel immer richtig, dem Bauchgefühl zu folgen und nicht dem Kopf. Dann lieber »Risiko« und immer mehr darauf vertrauen, *dass die Luft trägt,* Jobs hinwerfen, komplizierte oder nicht erfüllende Partnerschaften beenden und mich selbst finden. Und darin fand ich immer mehr zu mir. Und wenn mich eben nachts um halb elf das Meer rief, dann bin ich ins Auto gestiegen und hingefahren. Und dann sitzt man dort, die Wellen rollen über den Strand und bringen plötzlich Klarheit.

Ich vertraue mir und meinem Herzen, Schritt für Schritt, Tag für Tag; ich gebe mich hin, aber liefere mich nicht mehr aus. Und das ist mehr als genug! Ich bekomme, was ich brauche. Was zu mir soll, das fließt mir zu; was gehen soll, das geht. Meine Seele hat andere Prioritäten gesetzt als die Vergangenheit oder Zukunft in meiner kleingeistigen Welt, in der sich die Gedanken weiter um alte Erfahrungen drehten.

Es war ein unglaublicher Überlebenskampf über Jahre, womöglich still erduldend sogar über Jahrzehnte, der mich erst an diesen Punkt des Begreifens brachte. So viele Konzepte drehten sich im Kopf, wie alles sein müsste und was ich dringend zu tun hätte, was aber nicht mehr gelang, weil es gegen ein zutiefst wahrhaftiges Gefühl verstieß. Ein Kampf gegen Windmühlen war das. Und mit jedem Windrad, das ich anhielt, begannen sich irgendwo zwei weitere Windräder zu drehen. Je mehr du dich hingibst, aufhörst zu planen und zu kämpfen und diesen Irrsinn zu durchschauen beginnst, umso mehr will sich der Kopf verstricken. Die Erfahrungen der Vergangenheit in die Zukunft denken, das ist alles, was Gedanken können. Und wo dies nicht mehr konstruktiv geschieht, da werden Erinnerungen transformiert in Träume oder Ängste, da läuft ein Film ab, mehr nicht. Dem Schein erscheint sein Schein als wirkliches Licht. Doch seine Welt ist eine Lüge. Sein Selbst ist eine Lüge.

Dem Intellekt, der sich durch Konditionierung verselbstständigt hat, ist jedes Mittel recht, sofern nur fortgedacht werden kann, was Kultur und Gesellschaft seit Tausenden von Jahren denken. Und wenn du weg bist, denken deine Kinder weiter. Jedes Problem ist recht, wenn nur weiter nach Lösungen gesucht werden kann, denn Lösen ist Lernen, und je mehr wir lernen, umso komplexere Probleme können erdacht werden. Ein Teufelskreis – und je mehr man mit Logik heraus will, desto tiefer gerät man hinein. Beginnt man das Spiel zu durchschauen, scheint schnell alles hoffnungslos und verloren, und die dunkle Nacht zieht ein. Natürlich gehört die Enttäuschung dazu, um Täuschungen und Illusionen endlich zu beenden. Es ist aber besser, zu trauern und dann weiterzugehen, als ein Leben lang zu versuchen, aus Träumen die Wirklichkeit zu basteln. Die Wirklichkeit ist so viel größer und intensiver, als es Träume und Vorstellungen jemals sein könnten. Dann steht zum Beispiel plötzlich ein Mensch wahrhaftig vor dir, und dann weißt du es; dann weißt du, warum du diesen Weg gehen musstest! Und dass du dir vorher viele Dinge ganz groß geredet hast. Dass das eigentlich Wesentliche, wie zum Beispiel die Liebe, einfach unvorstellbar ist und die ganze Zeit auf dich wartete. In dir.

Und da sitzt du dann, nimmst die Gedankenschleifen wahr, und ein Verdacht erhärtet sich mit jedem weiteren Gedanken: Dein Verstand hatte sich verselbstständigt und plapperte nach, was die Welt ihm vorplapperte, egal ob Irdisches oder Spirituelles. Jedes Wort war entliehen. Überzeugende Fantasiewelten, in denen er mit sich selbst ringen konnte! So wirklich erschienen sie, dass sie das Bewusstsein fesselten, und das Wesentliche und du selbst aus dem Blick gerieten. Für die Wunder der Wirklichkeit werden wir blind und taub, wenn wir nur mit den Augen und den Gedanken sehen. Und unsere Welt im Außen fügt sich langsam diesen Gedanken. Die Umstände folgen der Einstellung; alles wird immer künstlicher und konstruierter ... unwirklicher. Nichts von dem, was wir denken, ist wahr und wahrhaftig: nicht Meinungen, Welt- und Selbstbilder, Abstraktionen, Abbildungen, Konzepte. Die Wirklichkeit ist eine völlig andere Welt.

Deine Herausforderung ist es, aus deinem Käfig der Gedanken auszubrechen. Verschwende deine Zeit nicht damit, andere Menschen darum zu beneiden, dass sie in anderen goldenen Käfigen stecken. Öffne deine eigene Käfigtür und flieg! Und kehre nicht zurück, nur weil du dich sicherer in diesem Käfig fühltest als unter dem freien Himmel. Die Freiheit braucht noch immer den größten Mut!

Eigentlich wollte ich
nicht ertrinken.
Alles andere als das,
ich wollte leben!
Doch das war kein Leben.

Es war einfach alles,
was ich kannte.
Dann zog der große Sturm auf,
und dieses Leben geriet
zum nackten Überleben.
Wellen, ich kann euch sagen,
Wellen so hoch wie Berge!
Lange kämpfte ich noch
gegen das Unvermeidliche.
Dann ging ich unter,
sank zu Boden,
schloss meine Augen und
ließ alles los, was ich kannte.
Als alles verloren schien,
da öffnete sich mein Herz.
Ich erblickte mein Leben in
einem Licht plötzlich,
das meinen Augen stets
verborgen geblieben war.
Und da erhob mich das Meer
und spuckte mich wieder aus.
Da war kein Sturm mehr.
Keine Böe. Kein Windhauch.
Da war einfach nur Stille.
Und ich war in ihr.
Zurück in meinem Boot.

DIE ANGST
VOR DEN GEFÜHLEN

»Du kannst viele Menschen nach der Stimme
in ihrem Herzen fragen und du wirst sehr viele kluge
Antworten bekommen. Aber nur wenige werden dir
in einer Sprache antworten, die auch dein Herz
unmissverständlich und ohne viele Worte versteht.«

Sich eine Meinung über sich selbst oder jemand anderen zu bilden, das ist so einfach, dass es jeder kann. Aber einen Menschen zu fühlen und zu verstehen, ihn wirklich zu sehen, das vollbringen nur ganz wenige. Im Sommer 2017 fand ich an der Gebetswand der Heiliggeistkirche in Heidelberg einen kleinen gelben Zettel. Neben meinem und vielen anderen Wünschen und Gebeten mir unbekannter Menschen, die sich meist um Gesundheit, Liebe und Familie drehten, las ich folgenden Satz:

[Ich wünsche mir] … dass sich die Menschen
wieder sehen.

Das hat mich so tief berührt, ich habe diesen Menschen, der das geschrieben und angeheftet hat, in diesem Moment gesehen, ohne dass er wohl noch in der Kirche weilte. Seine oder ihre Worte waren komplett in Resonanz mit mir, und sie drangen ganz tief in mich ein. Ich habe darin auch mich erkannt.

Zwischen uns Menschen, unseren Seelen ist ein heiliger Raum. Wir entscheiden, was wir hineintragen an Vorurteilen, Meinungen, Erwartungen, aber wenn es erst mal drin ist, ist es drin und wirkt wie ein Nebel, in dem wir dann wandeln. Und darin suchen wir uns dann gegenseitig. Dabei stehen wir uns oft selbst im Weg mit unseren Gedankenschubladen und Denkmustern und sehen uns selbst nicht mehr. Das wirkliche Sehen und Erkennen eines Menschen braucht Zeit, und es bedeutet auch, sich zu öffnen, um berührbar zu sein. Doch damit ist man eben verwundbar.

»Ihr seid nicht wie meine eine Rose. Ihr seid noch nichts. Niemand hat sich euch vertraut gemacht und ihr habt euch keinem vertraut gemacht«, sprach auch der kleine Prinz in dem gleichnamigen Buch von Antoine de Saint-Exupéry zu einer großen Hecke unzähliger Rosen, denen er begegnet, während er seine eine und einzige Rose vermisst. Die Rosen waren so, wie der Fuchs war, bevor der kleine Prinz ihn gezähmt und sich zum Freund gemacht hatte. Erst darin, dass er ihn gezähmt hatte, wurde er einmalig in der Welt und ihm zum wahren Freund. Die Rosen waren zweifellos schön, aber für den kleinen Prinzen waren sie ungezähmt und leer, und keine war für ihn einmalig! *»Meine Rose ist wichtiger als ihr alle zusammen, denn ich habe sie begossen und unter eine*

Glasglocke gestellt, weil sie meine Rose ist. Und ich glaube, sie hat auch mich gezähmt«, sprach er.

Der Fuchs hatte dem Prinzen versprochen, ihm noch ein Geheimnis zu offenbaren. Und so sprach er zum traurigen Abschied: *»Man sieht nur mit dem Herzen gut. Das wirklich Wesentliche bleibt den Augen unsichtbar! Die Menschen haben keine Zeit mehr, die Dinge zu zähmen, sich ihnen ganz vertraut zu machen. Doch an dich werde ich immer denken, wenn ich die Weizenfelder sehe. Für mich als Fuchs ist Weizen nutzlos, ich fresse kein Brot. Doch du mein Freund hast mich gezähmt, und du hast weizenblondes Haar. Adieu.«*[27]

Ich will dazu auch die Gedanken des Zen-Meisters Hinnerk Polenski aufgreifen[28] und fortführen: Die meisten haben ihr Herz verloren. Aber was ist denn das Herz überhaupt? Wie sieht das Herz denn aus und was sieht es? Was fühlen wir denn, wenn wir wirklich mit dem Herzen in ein Herz schauen? Viel Trauer, Angst und Schmerz auch! Und kaum einer sagt uns: »Das darf so sein, das ist das Herz, das ist okay so!«, und nimmt uns dann einfach in den Arm, ohne viele Worte. Man redet uns stattdessen vieles ein, wie »Das vergeht wieder«, »Bald ist alles besser«, »Das wird schon!« oder leider auch »Du machst dir nur unnötige Gedanken«, »Du bist mir zu anstrengend!«, »Herz, das ist doch Liebe, Lächeln, Leichtigkeit! Sei doch einfach glücklich!«. Das ist alles Kopf, und selten erklärt uns jemand, dass, um etwas zu spüren, auch die Angst und der Schmerz gefühlt werden sollten, wenn sie doch da sind. Dass sie eine Berechtigung haben, dass sie zur Liebe und Selbstliebe untrennbar dazugehören. Sonst werden wir älter, und Stacheldraht wächst uns ums Herz; dann errichten wir Wände und Mauern darum. Wir reden dann viel und oft auch aneinander vorbei, aber wir fühlen dann so wenig miteinander.

Viele Menschen könnten sich gerade in ihrem Schmerz wirklich begegnen und berühren; viel mehr noch als in der Freude, in die sich ohnehin früher oder später unterdrückte Angst und nicht gefühlter Schmerz einstreuen werden. Wer nicht auch den Schmerz und die Enttäuschungen fühlt, der kann das Leben unmöglich annehmen, noch kann er mit sich und anderen mitfühlen und auch mal einfach vergeben. Er *sieht* die anderen nicht wirklich, sie sind einfach nur Rosen in einer großen Rosenhecke. Wir alle sind nur Menschen, wir kämpfen und ringen alle bisweilen, gerade das sollte uns zueinanderführen. Und das sollte uns auch mit uns selbst befrieden.

Je mehr du besitzt, desto mehr gib davon ab.
Je weniger du besitzt, desto mehr gib dich dem Wesentlichen hin.

Wir sind alle sterbliche und auch fehlbare Wesen. Ohne diese Grundannahme wäre es uns gleichgültig, dass alles vergeht und endlich ist, auch das eigene Leben. Alles wäre dann nur mehr zweckdienlich für den Moment. Uns interessiert nur noch das Kommen oder das Bleiben und dass alles unseren Vorstellungen entspricht. Aber ins Herz kommen kann nur etwas ganz, wenn wir auch das Vergehen aller Dinge und auch die Enttäuschung darüber dort verinnerlichen und fühlen. Sonst sind wir nur noch Roboter und Konsumenten. Das sind wir aber nicht, wir sind Menschen! Die unterdrückten Gefühle zeigen ihr Gesicht auf verschiedene Weise: Klammern, Angst, Besitzdenken, Eifersucht, Konsum, Sucht, Neid, Hass, Ablehnung. Und vor allem: Angst vor dem Kontrollverlust. Es braucht Mut, alle Gefühle und Verletzungen zu fühlen, die sich hinter diesen Masken verstecken.

Wir alle wurden verletzt. Oft waren es auch nur kleine Nadelstiche. Jeder von uns hat sicher Hunderttausende davon bekommen im Leben, gerade in der Schule. Ein einzelner Nadelstich tut oft nur kurz weh – ein gemeines Wort, ein Auslachen, wochenlanges Mobben womöglich sogar. Doch konditionieren uns auch kleine Nadelstiche auf Dauer dazu, immer stark zu sein, zuzumachen, uns anzupassen und keine Schwächen mehr zu zeigen. Ich erinnere mich, während ich dies schreibe, gerade wieder an die Schule: Über Wochen pikste mich das Mädchen hinter mir mit einem Zirkel in den Rücken – immer dann, wenn ich mich meldete. Sie sagte dann, ich sei ein Streber. Mir fielen nur zwei Möglichkeiten ein, um mir zu helfen: Entweder drehe ich mich um, nehme ihren Ranzen und ihr süßes Federmäppchen und werfe alles aus dem Fenster im dritten Stock, oder ich halte durch und zeige ihr, dass ich mich nicht kleinkriegen lasse. Da war ich schon so beherrscht und kontrolliert. Erschreckend! Und jetzt, dreißig Jahre später, habe ich die Szene immer noch genau vor Augen. Was lernen wir in derartigen Situationen für das Leben? Entweder zurückzuschlagen, uns zu verteidigen, wegzulaufen oder uns tot zu stellen. Das formt dann unseren Charakter. Kennt nicht jeder solche Situationen aus der Kindheit? Wie oft haben wir uns hilflos gefühlt? Es müssen nicht immer gleich schwere Traumata sein. Ich habe ihr Mäppchen dann übrigens doch aus dem Fenster geworfen und beherrschte mich … und genau das war ich mein Leben lang dann: immer kontrolliert, bis ich nicht mehr konnte.

Wir sprechen oft über schwere Traumata und große Schicksalsschläge, die uns aus der Bahn werfen, und arbeiten uns daran ab. Aber warum werfen sie uns denn immer länger und massiver aus der Bahn? Weil wir nicht mehr richtig damit umgehen können und noch immer nicht die Verantwortung für uns übernommen haben. Inzwischen haben wir natürlich auch schon Diagnosen und neue Behandlungskriterien für Menschen, die zu lange trauern. Man spricht von einem neuen Krankheitsbild, von der »anhaltenden komplexen Trauerreaktion«.

Sogar Wikipedia hat bereits einen Eintrag mit dem Titel »Komplizierte Trauer«.

Auszug: *»Ca. 4 % aller Trauernden entwickeln eine komplizierte Trauer, das sind etwa 110 000 Menschen pro*

Jahr in der Bundesrepublik Deutschland. Eine unerkannte, unbehandelte komplizierte Trauer kann in ihrer Folge zu Alkoholismus, Verwahrlosung und Medikamenten- oder Drogenmissbrauch führen und weitere psychische Folgeerkrankungen z. B. Angststörungen oder Depressionen nach sich ziehen.«

Das beschriebene Phänomen ist ein Teufelskreis, weil kaputte Menschen auch ihre Mitmenschen beeinflussen und weiter verletzen. Die sich dann wiederum ihrerseits daranmachen, ihre Themen zu vergesellschaften. Mütter, die mit den Gefühlen ihrer Kinder überfordert sind, Partner, Kollegen … so zieht das Nichtgefühlte und Unverarbeitete seine Kreise, und jeder erwartet etwas von den anderen. Gibt es hier wirklich am Ende einen »Schuldigen«?

»Schmerz ist unvermeidlich, Leiden optional.« – Dieser wichtige Gedanke lässt sich auf Buddha zurückführen. Es ist alles so schwer, weil wir die Gefühle nicht ungefiltert zulassen wollen, den Schmerz nicht annehmen als zu uns, zu unserem Leben gehörend. Wie die Freude, die Liebe. Als Kind waren wir manchmal hilflos in emotional fordernden Situationen, brauchten Bewältigungsstrategien und manchmal gewiss auch Überlebensstrategien. Jetzt sind wir aber keine Kinder mehr. Wir sind nicht mehr hilflos. Wir könnten damit umgehen und sollten eigentlich Menschen um uns haben, die auch für uns da sind, wenn wir an unsere Grenzen gelangen. Alles sollte gefühlt werden können, denn erst dann geht es und zieht nicht im Verborgenen und Unbewussten seine Fäden.

Es geht nicht darum, sein inneres Kind zu befreien und wieder in den Kindergarten zu gehen. Es geht darum, erwachsen zu werden, die Märchenbücher wegzulegen, sich keine Geschichten mehr zu erzählen und in den Gefühlen frei zu fließen in dem, was wirklich ist.

Jede Angst ist erlaubt, aber die Angst vor der Angst ist reine Panikmache. Ganz gleich, was wir und andere fühlen, egal wieso wir trauern, was uns hoffnungslos erscheint. Auch das muss Raum bekommen. Sonst sind entweder ein ewiges, dauerhaftes Jammern oder ein seelisches Erkalten die Folge. Schmerzen und Enttäuschungen lassen sich nicht vermeiden, aber das Leiden selbst liegt in unseren Händen.

Mal ein ganz extremes Beispiel zur Veranschaulichung. Wenn ein Mensch gefoltert wird, dann kommt irgendwann der Punkt, wo sein Wille wirklich bricht. Nur der Wille, es weiter auszuhalten oder endlich zu wollen, dass die Qual aufhört, macht ihn gefügig. Aber wenn der Wille ganz bricht, passiert Folgendes: Das Opfer sympathisiert plötzlich vollständig mit dem Folterer, es verhöhnt die eigenen Schmerzen, es will mehr. Dann weiß der Folterer, dass er keine Chance mehr hat, das Opfer zu brechen. Es ist ein wirklich extremes Beispiel, aber es zeigt, dass die Wahrnehmung von Schmerz und Leid subjektiv und vom Geisteszustand abhängig ist. Es zeigt den Anteil des Geistes, der sich oft so ohnmächtig fühlt, weil das Herz schmerzt. Diese Ohnmacht entsteht durch unsere Prägung und Konditionierung, sich zu beherrschen oder auf eine bestimmte Art und Weise fühlen zu müssen. Der willentliche Versuch, tapfer zu sein, ist keine Tugend, daher leiden wir umso mehr, je weniger wir leiden wollen. Will ich nicht leiden, rede ich mir doch selbst ein, dass ich überhaupt leiden würde. Will ich keinen Schmerz mehr, rede ich mir gleichzeitig ein, dass es zu viel Schmerz ist. Wie wir mit Verlust und Schmerz umgehen, zeigt sich deutlich im Vergleich zu Menschen des Mittelalters oder gar zu unseren Vorfahren oder den Tieren.

Sich selbst finden, sich selbst verwirklichen, glücklich sein – danach streben die meisten von uns, alles Unangenehme wird schnell verdrängt, abgetan, relativiert oder verändert. Aushalten oder gar annehmen ist schwer. Bei uns selbst, bei anderen. Doch wie kann das Verdrängen funktionieren? Wir begegnen den eigenen Schatten am Ende ja doch im anderen Menschen wieder oder gar in somatischen Erkrankungen unseres Körpers. Die Stufe zum wirklichen Mitgefühl mit anderen, und damit auch mit uns selbst – auf Augenhöhe und auch mit der geteilten Ohnmacht –, ist eine weitaus höhere als die der Empathie und Sympathie von oben herab, aus einem Gefühl der Macht und Bequemlichkeit heraus. Auch Ängste,

Schmerz und Ohnmacht zu teilen und zu fühlen, sich nicht mit eiligem Tatendrang und vielen Worten zu »beherrschen«, darum geht es.

Wirklich zu fühlen, mitzufühlen, Anteil zu nehmen … dann geschieht das Rechte auch von selbst, bedingungslos. Dann fühlen wir den Weg oder den Irrweg, und im Gefühl ist die Kraft der Veränderung verborgen. Dann handeln wir tugendhaft, folgen dem Herzen, bedingungslos. Und es sind auch Gefühle, die Menschen verbinden! Ohne herbeikonstruierten Grund und langes Herumeiern, nur weil wir darin gemeinsam wieder fließen. Im Augenblick selbst. Tugendhaft.

Über die Natur der Tugend gibt es wieder schöne Zeilen im Daodejing, die ich euch nicht vorenthalten möchte und an den Kontext angelehnt übersetzen will:[29]

Je ferner der Weise schweift,
desto ferner ist er allem Ursprung.
Darum kommt der Weise und Heilige
überall an, ohne Ziel,
ohne herumzuwandern;
Und alles kommt zu ihm,
darum muss er nicht alles sehen
und kann es doch benennen;
darum muss er sich nicht abmühen
und vollendet dennoch.

Ist der Weise gegenwärtig und offen, fließt er ganz im Sein, fließt auch ihm das Rechte zu. Was recht ist, weiß das Herz. Und wohin es schlagen will, das will auch zu ihm. Er fühlt, was er fühlt. Selbst Buddha weinte und trauerte, als seine Familie starb. Es ist ein Irrglaube, dass er nur gelächelt hätte. Buddha steht ganz im Besonderen eben auch für das Mitgefühl mit allen Lebewesen auf dieser Erde. Das macht einen Buddha erst zum Buddha; er sieht die anderen Wesen wirklich. Er muss nichts kontrollieren oder sich vorstellen. Er ist ganz gegenwärtig, denkt, was er denkt, fühlt, was er fühlt. Es sind nur Gefühle, mehr nicht – sie kommen, sie vergehen. Es ist, wie es ist. Das ist Frieden!

Unsere Erinnerungen liegen in der Vergangenheit. Was wollen wir da? Was wir wollen, liegt in der Zukunft. Was wollen wir da? An beide Orte kommen wir nicht, dort können wir nicht hin, dort können wir nichts lösen, dort kommen wir nicht an. Es ist eben immer nur jetzt, wir sind immer nur hier. Das Vergangene und das Zukünftige existieren nur als Vorstellung, und die ist immer eine Flucht aus der Gegenwart.

Präsent und gegenwärtig zu sein bedeutet, uns selbst nahe zu sein, trotz aller Pläne, Ziele und Träume. Gegenwärtigkeit zu sein – das allein ist Liebe! Wir denken, wir brauchen besondere Menschen oder den Wald oder sonst etwas um uns, um dieses Gefühl zu spüren, aber der Weg will uns lehren, dass alles in uns selbst ist, dass es keinen Unterschied zwischen Liebe und Selbstliebe gibt. Dass einfach nur Liebe ist, immer, dann, wenn man wirklich ganz DA IST. Und dann kann man ebenso mit anderen zusammen ganz DA SEIN. Liebe erfährt Licht und Schatten, sie ist das Licht der Lichter, das alles umfängt und umhüllt. Alles hat Schatten, jeder Mensch. Das ist völlig normal. Das Leben selbst besteht aus hellen und dunklen Kapiteln – genau darin wird es zu unserer Geschichte, mal etwas mehr Drama, mal Komödie. Die Suche nach ewig währendem Glück ist ein einziges Theater. Mit dieser Einsicht wird es dann wirklich hell in uns.

Mit den Lippen am Nabel der Welt
und einem Finger am Puls der Ewigkeit
liege und atme ich im Gras.
Neben mir atmet ein Veilchen.
Sein betörender Veilchenduft
liegt eng umschlungen auf mir,
bis er sich ganz mit mir verbindet,
wie mit dem Duft einer Blumenwiese.
Auch so riecht die Liebe also!

Ich glaube inzwischen kein bisschen mehr daran, dass wir in den Augenblick und in die Liebe finden und zu uns selbst und wirklich zum anderen gelangen, indem wir noch mehr künstliches Wissen und »Kompetenz« erlangen. Wir wissen bereits viel zu viel, für das wenige, was wir fühlen. Diese Balance ist oft verloren. Nur die natürliche Tugend und das Bedingungslose führen uns zurück ins Gleichgewicht. Nur das Absichtslose führt uns zurück in die Absichtslosigkeit und Fülle. Nur das Unvorgestellte führt zurück ins Wirkliche, zurück ins Wunder also, in das Einfach-Sein, wie als Kind. Was im Kopf beginnt, endet im Kopf. Wir wissen bereits so viel mehr, als es nötig wäre, um das Richtige zu tun. Wir wissen viel zu viel und fühlen viel zu wenig, daher wissen wir kaum mehr, was das Richtige und Wesentliche überhaupt sind, also probieren wir herum, denken um fünfzig Ecken, werden müde und bequem, springen auf jeden Zug, der vor der Tür hält. Das Herz weiß sehr klar, was wirklich zu tun wäre.

Wenn die Angst vor unangenehmen Gefühlen
das Ruder übernimmt und Mut und Mitgefühl den
Bach runtergehen, da treibt man nicht zwangsläufig
im Lebensstrom des eigenen Herzens.
Auch nicht wenn der Ritt auf den Wellen, durch
die Stromschnellen, an den Hindernissen vorbei,
bisweilen sehr euphorisch stimmt.

Was passiert denn spätestens, wenn wir oder unsere Nächsten schwer erkranken oder in eine existenzielle Lebenskrise geraten? Oder wenn Menschen Hilfe benötigen, die wir aber kaum kennen? Dann können wir das

Herz nicht mehr so leicht vor dem verschließen, was wirklich gesehen werden will, oder wir müssen verdammt kalt geworden sein. Wo ist dann unser Licht?

Wenn das Herz wieder anklopft

Es waren die Worte einer Bekannten, die mir dabei halfen, meine eigenen unfassbaren Erlebnisse in einem größeren Kontext einordnen zu können. Und zu verstehen, was bei vielen Menschen passiert, wenn das Herz wirklich anklopft.

Am ersten warmen Wochenende im Februar schlenderten wir zusammen über die Felder am Rande meiner alten Heimatstadt Heidelberg. Wir kannten uns noch gar nicht lange. Nichts Besonderes war geplant, ich war einfach mal wieder in der Stadt. Wir setzten uns auf eine Bank in der Nähe eines Flugfeldes, von dem aus etwa alle zehn Minuten Segelflugzeuge in den wolkenlosen Himmel aufstiegen. Mir war warm geworden, also setzte ich mich bald vor die Bank auf den Boden, zog mir die Ärmel hoch, packte meinen kleinen Fächer aus und steckte mir eine Zigarette an.

Eigentlich hatten wir über ganz abstrakte Dinge gesprochen, ich mag diese Art des Austauschs; einfach nüchtern Fakten und Erfahrungen wälzen, und meine Freundin ist so beeindruckend klug. Da erzählte sie mir zum ersten Mal über ihre Krebsdiagnose vor ein paar

Jahren. Und all unsere schlauen, abstrakten und feder-leichten Gedanken stiegen vom Himmel herab auf den Erdboden, wie Segelflugzeuge, wenn der Wind weg-bleibt. Jedes ihrer Worte erdete mich weiter.

Sie erzählte: Als sie damals mit dem Befund aus dem Krankenhaus kam, sich auf die lange Betontreppe am Eingang des Hospitals setzte und ihre Freunde anrief, um ihnen die schreckliche Nachricht mitzuteilen, da legten einige von ihnen einfach wortlos auf ... und sie meldeten sich nie wieder. Mir stockte der Atem, ich war fassungslos. Als ich am Abend mit anderen Bekannten in der Stadt darüber sprach, weil es mich einfach nicht losließ, musste ich feststellen, dass ihnen teilweise noch Unvorstellbareres widerfahren war, mit Freunden, Partnern, ja selbst mit der eigenen Familie. Auf perfideste Weise abserviert und sitzen gelassen, gerade dann, als allein nichts mehr ging. Auf der anderen Seite haben alle daraus die gleichen Schlüsse gezogen und erleben nun ihr Leben und ihre Beziehungen komplett anders. Und mir war selbst oft nichts anderes widerfahren, doch die richtigen Schlüsse hatte ich lange nicht gezogen.

Wo immer einer vor unerwünschten Gefühlen davon-läuft, muss ein anderer darunter leiden. Und so läuft die halbe Welt davon, während die andere Hälfte leidet ... wirklich glücklich wird so keiner.

Als ich mich mit Anfang zwanzig entschied, nicht länger in meinem männlichen Körper zu leben und mit Hormonen und Operationen auch äußerlich zu dem Geschlecht wechseln wollte, das ich schon immer innerlich gefühlt hatte, war es ähnlich. Ich verlor damals wirklich alle Menschen, die ich *Freunde* nannte und mit denen ich meine Zeit verbracht hatte – ich wurde aus der Wohngemeinschaft geworfen und vieles mehr. Ich passte nicht mehr in ihre sorgsam geordnete Welt, machte alle Schubladen, in die sie mich gesteckt hatten, wieder auf, war unbequem, gewiss auch peinlich und ein allzu großer Spiegel für das eigene Nichtgelebte. Dabei hätte ich gerade in dieser Zeit meine *Freunde* natürlich sehr gebraucht! Andererseits lernte ich erst dadurch, dass ich alleine weitergegangen bin, andere Menschen kennen, die mich so mochten, wie ich war. Und das war auch ganz wesentlich: Ich begriff die Bedeutung des Wortes *Familie* wieder, die mir spätestens ab der Pubertät meist einfach nur zu anstrengend und zu kleinbürgerlich geworden war. Aus dem Dunkel kann sich also immer ein neues, helleres Licht offenbaren.

Als ich dann 2011 in ein Ruderboot stieg, um den Atlantischen Ozean zu überqueren, war das auch zu viel für einige. Und spätestens als ich mit gänzlich neuen Erfahrungen vom Ozean in die alte Welt zurückkehrte und meinen *spirituellen Weg* einschlug, mich also fern der bisherigen Überzeugungen zu suchen begann, blieben mir nur eine Handvoll alter *Freunde*. Dafür fand ich auch hier wieder neue, tiefere, mutigere und offenere Menschen.

Solche Lebenserfahrungen sind ein Fluch auf der einen Seite, auf der anderen auch ein Segen. Und gerade in Krisen kann man die eigene Welt endlich so sehen, wie sie wirklich ist, hinter allem Anschein. Und auch wir selbst können uns oft erst dann wiedersehen, unter unserem Heiligenschein, hinter unseren Masken und Fassaden … und das Herz hinter seinen Mauern spüren. Das ist das Privileg und die Chance jeder Krise, wenn man sich darauf einlässt und noch einlassen will. Enttäuschung, Desillusionierung, Schmerzen, Angst, Trauer … wenn wir uns erlauben, das zu fühlen, werden einige nicht mehr mitfühlen wollen. Es ist wichtig, sie dann gehen zu lassen und diese Gefühle nicht wegzuschieben. Das ist eine der wichtigsten Lektionen, die mich das Leben gelehrt hat:

Fühlen, was gefühlt werden will, in dem Moment, in dem die Gefühle da sind. Nur so geht es. Tun wir das nicht, erleben wir wieder und wieder die gleichen Geschichten, die uns stets aufs Neue mit alten Wunden konfrontieren. Wo die Angst vor der Angst und den Gefühlen siegt, da dreht der Kopf doch immer nur das Rad der Zeit zurück, bis uns die Vergangenheit wieder um die Ohren fliegt.

Nur Gefühle, die im Augenblick fließen können, in der Realität und nicht nur in der Vorstellung, sind der Weg zurück in unsere eigene Natürlichkeit, in Ausgleich und Harmonie – aber auch in die natürliche Beziehung auf Augenhöhe zwischen zwei offenen, ehrlichen und gefühlvollen Menschen.

Ganz gleich, ob schöne oder eher unschöne Gefühle da sind, was gefühlt werden will, will gefühlt werden. Jetzt. Das Gefühl wird dann für Veränderung und Wachstum sorgen.

Nehmen wir eine Beziehung: Was nützen all die schönen Momente, und welche Nähe und welches Wachstum ist da zwischen zwei Menschen möglich, wenn sich im Streit oft beide in ihre Welt zurückziehen oder jeder in seinen Kopf, und es nur darum geht, recht zu haben oder unschuldig zu sein. Wohin führt tagelanges Diskutieren hinterher, wenn nicht einmal fünf Minuten gemeinsam im Schmerz zusammen geweint, gelacht, geschwiegen und gefühlt werden kann. Wenn alle Gedanken, Meinungen und Standpunkte nicht auch mal egal sein können. Wie wollen wir fühlen, wenn andere uns nicht fühlen lassen, was eigentlich gefühlt werden will.

»Glück ist nur echt, wenn es geteilt wird«[30] – schrieb der Aussteiger Christopher McCandless als letzten Satz vor seinem tragischen Tod in völliger Einsamkeit. Teilen und Anteilnehmen machen also das Glück echt. Dieses Zitat liegt mir so am Herzen, dass ich es bisher in jedem Buch zitiert habe. Nun im vierten Buch möchte ich es mit meinen Worten ergänzen: *Glück ist nur echt, wenn es geteilt wird. Doch Glück ist nur wirklich zu teilen, wenn man auch in der Lage ist, das eigene Unglück zu teilen und am Unglück anderer teilzuhaben. Auch erst darin ist wirkliche Nähe zu erfahren. Und nur wo wir auch am eigenen*

*Unglück, am Schmerz, an der Trauer und Angst ganz teil-
nehmen, sie zulassen und Mitgefühl mit uns zeigen, entsteht auch Nähe zu uns selbst.*

Wenn das Leben in einer Krise »Stopp!« sagt, dann spielt
es keine Rolle mehr, wie viel du weißt, wie viel du hast
und wohin du eigentlich gerade unterwegs warst. Immer
mal wieder ist das in meinem Leben passiert. Und da lag
ich dann und wusste erst mal nicht mehr, wie es weitergeht,

Dann legte ich mich auf die Couch und blieb einfach
liegen, über Tage und Wochen. Nichts ging mehr, nur
noch Nebel im Kopf, die Gefühle weg, eine ungreifbare
Unruhe in der Seele – ein schier unerträglicher Zustand.
Und je mehr ich mich mühte, mich aufzuraffen, um wenigstens das Geschirr zu spülen oder mal unter die Du-
sche zu gehen, umso tiefer versackte ich in meiner Couch.
Es war mir unmöglich, mich zu konzentrieren und etwas
zu tun, und so wuchs mir ein Stapel an ungelesenen Büchern über den Kopf. Ganz gleich, wie klug diese Bücher
auch waren, ich schaffte es, höchstens ein paar Zeilen zu
lesen, gelegentlich mal einen Absatz, aber dann war ich
sofort wieder erschöpft und voller Unruhe. Ich fand einfach nichts mehr, woran ich mich festhalten konnte, nicht
mal mehr mit meinen Gedanken. Und mehr und mehr
wurde mir auch alles egal.

Das Problem in solchen Krisen ist zudem, dass
sie sehr schnell zur Existenzbedrohung auf materieller

Ebene heranwachsen, denn das Leben an jedem anderen Ort dieser Welt geht einfach weiter, und es erwartet, dass du mitziehst. Du musst Geld verdienen, Rechnungen bezahlen, Termine müssen geplant und Entscheidungen getroffen werden, und du brauchst wieder Ziele ... die Welt wartet nicht auf dich, sie dreht sich einfach weiter.

Erst wenn du aus dem alten gewohnten Rahmen herausfällst und nicht mehr funktionierst, erkennst du aber auch endlich klar, wie abhängig du geworden bist von günstigen Umständen, die sich aber ändern können. Und nur in der Krise lernst du loszulassen und kannst viele vermeintlich unbezwingbare Hürden relativieren, um nach der Krise endlich darüberzuspringen.

Wenn man am Boden liegt, zum Beispiel durch Krankheit oder Enttäuschung, dann kann man sich einfach nicht vorstellen, dass es jemals aufhört, dass es wieder hell in der Seele wird. Alles scheint verloren, und egal wie stark du bist, egal wie viel du über Depressionen, Burn-out oder als spiritueller Mensch über »die dunkle Nacht der Seele« und ihre Läuterung weißt, du findest trotzdem keinen Ausweg heraus. Das ist auch genau die Lektion: sich dann hingeben und loslassen.

Stehst du auf, um deine alltäglichen Probleme zu klären, klopfen einfach neue, meist noch größere Probleme an deiner Tür. Wie Don Quijote kämpfst du mit den Windmühlen, und wo du mit der Lanze auf sie zureitest, da tauchen am Horizont einfach immer mehr von ihnen auf. Alles, was du dann tun kannst, ist, dich zur Priorität zu machen, zu vertrauen, alles andere loszulassen und dir die Zeit zu geben, die du brauchst.

Dich zu rechtfertigen, nur um dich verstanden oder bestätigt zu fühlen, macht dir die anderen zur Fessel deines Herzens. Mit anderen aber einfach fühlen und mitzufühlen zu können macht frei.

Eine Krise ist auf ihre Art immer auch ein Geschenk, wenngleich ein sehr schweres. In den dunkelsten Stunden erst erkennt man, wovor man bisher die Augen lieber verschlossen hatte und was uns wirklich fehlt. Das mögen bei unterschiedlichen Menschen ganz unterschiedliche Dinge sein. Wir finden vor allem zu uns, wenn es dunkel ist und wir uns zurückziehen. Und wenn der Vorhang wieder aufgeht und das Licht zurückkehrt, dann können wir auch das Licht wirklich ganz erfahren. Eben weil wir viel mehr bei uns sind und mit den richtigen Menschen.

Nähe heißt Gegenwärtigkeit

Menschen, die wirklich zu sich stehen und die somit auch wirkliche Nähe zulassen können, die vernünftig Grenzen achten und ziehen können, die wirklich mitfühlen und die sich nicht nur mitfreuen oder mitleiden, wenn es gerade passt und es sie nicht aus der sorgsam hergestellten

Balance bringt, sind selten. Rar sind die, die sein können, ohne sich verbiegen zu müssen, die gern da sind, weil sie dich mögen, nicht weil sie müssen oder es brauchen, weil sie vielleicht ein ungesundes Helfersyndrom haben, um die eigene Leere zu füllen.

Mir war klar: Wenn ich wieder zu mir selbst stehen und mich ganz bewusst für mich entscheiden wollte, um dann auf der anderen Seite mit anderen richtig zusammen sein zu können und die richtigen Menschen überhaupt für mich zu erkennen, dann musste ich mich wiederfinden, musste mich meiner wirklichen Bedürfnisse erinnern und lernen, meine Grenzen neu zu definieren und zu ziehen. Mit anderen Worten: Ich musste mich selbst wieder klar definieren. Jeder Fluss braucht sein Flussbett, damit er darin fließen kann., solange er noch nicht das Meer ist.

Ich musste lernen, mich besser abzugrenzen von Menschen, die ihrerseits keine klaren Grenzen haben und die die Grenzen anderer folglich gar nicht anerkennen können. Menschen, die sich selbst nicht definieren und kennen, die können auch andere nicht erkennen. Es galt sich abzugrenzen von denen, die sich nur selbst in mir begegnen wollten und in denen ich erfolglos versuchte, mir selbst zu begegnen.

Je besser es einem gelingt, die eigenen Grenzen zu ziehen und die der anderen zu wahren, umso mehr erkennt man, dass es gar nicht so viele Menschen gibt, denen das ebenfalls gelingt. Menschen, die wirklich bei sich sind, die wissen, wer sie sind und was sie wirklich aus tiefstem Herzen heraus wollen … und was nicht. Sie lassen andere so sein, wie sie sein wollen, sie führen weitgehend ein selbstbestimmtes Leben.

Solchen Menschen begegnete ich dann plötzlich, stille Menschen, die mehr mit einem Blick zu sagen vermochten als mit Millionen von Worten. Ich durfte selbst still, tief und »ganz« mit ihnen sein, ohne dass wir uns ineinander zu verlieren drohen. Denn wenn sich Menschen fühlen, dann erkennen sie sich besonders gut, wenn sie schweigen.

Dann passte es einfach, wir flossen zusammen, wir erfüllten uns. Ich durfte Nein sagen ohne Gewissensbisse und drohende Konsequenzen. Erst darin konnte ich überhaupt an anderer Stelle ein wirkliches tiefes Ja bekunden. Erst dann konnte ich auch endlich Frieden *in einem anderen Herzen finden* und Frieden im eigenen Ich.

Wirkliche Nähe und Tiefe zwischen zwei Menschen ist kostbar. Viele sind da, ohne dir wirklich zu begegnen, viele fassen dich womöglich sogar an, ohne dich wirklich zu berühren. Sie sind da, weil sie sich gut in deiner Energie fühlen, weniger allein, gehört, verstanden, berührt. Aber sie sind nicht wirklich bei dir! Sie machen aus dir einen Teil von sich, ohne sich selbst als Teil von allem zu begreifen. Und sie sind nur da, weil du nicht ganz bei dir bist.

Was kann man Menschen schon geben, die nicht wirklich bei einem sind … man kann sich nur verausgaben, bis man sich nur noch weiter von sich selbst entfernt und ganz leer ist. Und natürlich kann und sollte man nicht alle Menschen immer so einfach in die Kategorien Schwarz oder Weiß einzuordnen.

Ich habe zu lange überhaupt nicht begriffen, welches Geschenk mir das Leben gemacht hat mit diesen Menschen, die wirklich bei mir sind. Und seien es wenige. Die richtigen Menschen treffen wir erst, wenn wir uns selbst nahe sind und in der inneren Mitte ruhen.

Die Evolution drängt zur funktionalen Anpassung an äußere Umstände, bedingt darin jedoch eine Beschränkung des unbeschränkten Inneren. Darüber hinaus steht sie in ihrer Fortentwicklung in ständiger Konkurrenz zu sich selbst. Die Involution hingegen ist die bewusste Abkehr vom Äußeren, dem Bedingten und Funktionalen; sie bedeutet innere Einkehr und darin eine Rückkehr zum Ursprung und Unbedingten, das die Essenz aller Lebewesen ist. Es ist Zeit für eine sanfte Revolution im Innersten. *Viva la involución! Lang lebe die Involution!*

Ein Mensch, der *ganz* ist, kennt sich und seine Richtung, und er ist ein *und* kein *oder* mehr. Er ist Herz und Kopf, und Licht und Schatten, glücklich und unglücklich, und bei sich und bei anderen … alles darf sein, soll aber das andere nicht ausschließen. Denn all das wirkt nur im Kontrast, alles braucht seinen Gegenpol, um sich zu zeigen. »Die beiden großen Kräfte«, das Yin und das Yang, wie Laotse sie nennt. Die Dualität ist das Wechselspiel der Welt. Es lässt sich im Großen wie im Kleinen, im Stofflichen wie im Feinstofflichen beobachten. In jedem Menschen, in jedem Handeln, Denken, Fühlen ... sogar im Miteinander und Alleinsein wirken sie gegeneinander. Wo beide Kräfte frei fließen können, offenbart sich auch im Menschen das Ganze wieder, das große Dao, die göttliche Urkraft, das ursprüngliche UND. Im Buddhismus entspricht das dem mittleren Weg, also nicht Yin, nicht Yang, nicht Licht, nicht Schatten, sondern beides im Fluss – dieser Weg führt in das *Licht der Lichter,* wie die Bibel sagt, auf dieses Licht komme ich später zurück. Buddha nannte es Erleuchtung, und er beschrieb den Weg am Beispiel einer indischen Sitar. Sind die Saiten des Musikinstrumentes zu locker gespannt, machen sie keine Musik. Sind sie zu fest gespannt, reißen sie. Die rechte Spannung ist es, die die Musik macht. Und diese Musik gilt es, zu finden und mitzusingen. Wir können nur so viel Licht aushalten, wie wir auch das Dunkle nicht fürchten. Wer hoch hinauswill, der muss auch tief hinunter können. Auch um dort Schwung und neuen Mut zu holen. Er muss Licht in den Keller bringen und die Dunkelheit ins Licht zerren. Er muss bereit sein, alle Schatten ebenso zu umarmen wie jedes Leuchten. Dazu gilt es auch, das Dunkle, das in uns allen wohnt, zu fühlen und mitzufühlen, bis es darin selbst zum Leuchten wird.

Am Ende ist alles Licht. Und dieses Licht trägt jeder in sich, so wie es auch jeden von uns trägt. Dazu müssen wir uns aber hineinfallen lassen, vertrauen, einen vertrauensvollen Schritt in die Ungewissheit tun. Je tiefer wir in das Gegenwärtige eintauchen und uns fallen lassen, anstatt uns herzugeben und zu zerstreuen, umso näher kommen wir auch wieder zu uns selbst, bis wir plötzlich ganz aufrecht in uns stehen und begreifen, dass wir in allem gestützt und getragen sind … und nie wirklich etwas zu verlieren hatten. Es ging nie darum, das Wesentliche in allem zu finden, sondern alles im Wesentlichen. In dir selbst! Nur der Augenblick schaut in den Augenblick. Der Augenblick BIST DU. Du schaust in dich hinein, und du schaust aus dir heraus. Und doch, man kann sich nur mit dem Herzen *erschauen, denn nur mit dem Herzen sieht man gut. Das Wesentliche bleibt den Augen und Gedanken verborgen.* Mit dem Herzen können sich die Menschen auch wieder sehen. Denn nur im Herzen sind wir alle vereint und verbunden. Es sind nur die Gedanken, die alles zerteilen und trennen.

Der große Geist, das Dao erzeugt Einheit.
Die Einheit erzeugt im Yin und Yang die Dualität.
Das Wechselspiel beider erzeugt die Dreiheit.
Die Dreiheit ist die Natur aller Wesen.
Alle Wesen sind vom Dunkel umfangen und
streben nach Licht.
Wer gewinnt, der wird verlieren,
wer verliert, der wird gewinnen.
– LAOTSE IM DAODEJING[31]

DIE NATUR DER NATUR

*»Es ist nie zu spät, unnützen Ballast abzuwerfen
und natürlich, authentisch und frei zu sein.
Aber für einige ist es noch zu früh, wo sie noch glauben,
dass sie ohne ihr Gepäck – ihre Masken, Regeln
und Lasten – niemand mehr sind.«*

Wenn Ziele erfüllender als Schritte werden und Schuhe bedeutungsvoller als die Füße; wenn Lippen mehr erzählen als die Augen und Worte viel weiter reichen als Taten; wenn Kleidung den Menschen macht und der Schein tiefer wirkt als das Sein; wenn Fotos lebendiger erscheinen als die Menschen hinter der Kamera, dann hat das wahre Leben einem Schauspiel in Gedanken und Vorstellungen Platz gemacht. Dann wiegt der Kopf schwerer als das Herz. Dann verfangen wir uns in künstlichen Gedankenwelten, die wirklicher als die Wirklichkeit erscheinen und die doch nur unnatürlich und leer bleiben. Und so bleibt auch das Herz leer, schlägt nicht in seiner wahren Natur, und es sehnt sich nach Gefühlen.

Die Musik der Welt wieder hören zu können bedingt auch, sich selbst wieder zu hören, im Herzen, nicht im

Kopf. Die Schallplatte des Lebens sollte sich wieder um den eigenen Kern drehen, um das wirkliche Wesen.

Und nein, dieses Buch will eben keinen Egomanen oder gar Narzissten aus dir machen, der sich wie ein Schauspieler nur um seine eigene Rolle dreht, die er versucht, im Lebenstheater aufzuführen, der aber gerade darin nicht wirklich bei sich ist. Auch kein Ignorant oder Alltagsverweigerer sollst du werden. Ganz im Gegenteil, dieses Buch will nichts aus dir machen, kein aufgeblasenes Ego, keinen Superman, keine Superwoman, auch keinen Aussteiger oder Einsiedler, sondern nur wieder das, was du im Herzen bist. Und dann werden dir auch immer mehr authentische Menschen begegnen, die den Mut haben, sie selbst zu sein; und die Welt, der du begegnest, kann ebenfalls sie selbst sein. Raus aus dem Kopf und dem Theater, rein in die Wirklichkeit und in die Gegenwart. Denn nur dort passiert das Leben, und nur dort ist nichts zu verlieren. Es ist sinnvoller, sich diese Essenz wieder und wieder in Erinnerung zu rufen, als nach unzähligen anderen Antworten zu suchen.

Bei sich selbst anzukommen, das Leben bewusst zu leben und die eigenen Gedanken in den Griff zu bekommen, ist nichts, was uns in die Wiege gelegt wurde. Der Weg zu sich selbst benötigt Wachstum, ein Infragestellen der Gesellschaft, ein Umdenken und Umfühlen, Mut und Konsequenz. Und der Weg beginnt mit der Frage, wer du eigentlich wirklich bist und was du überhaupt noch fühlst. Ja, bist du wirklich du selbst oder einfach nur angepasst und der Mensch geworden, der du sein sollst, der nie aneckt, der das Gleiche träumt wie die anderen und alle ihre Erwartungen brav erfüllt?

Wir werden nach der Geburt wie Eiswürfel in den Strom aller Menschen geworfen. Und wenn wir nicht achtsam sind, lösen wir uns irgendwann auch ganz darin auf. Was wir wirklich sind, muss bewahrt bleiben, das Rohe, das Eigentümliche im wahren Wortsinn, das Natürliche und damit die Seele und die oft »unlogischen« und ungesteuerten Gefühle. Seele ist das, was unangepasst und eben nicht künstlich ist. Das ist die Natur der Natur. Wenn wir aber beginnen, uns an äußeren Umständen und Menschen zu orientieren, uns anzupassen, uns zu vergleichen, verlieren wir genau das. Gerade die Bewertung und der Vergleich sind ein Wettbewerb, den wir alle am Ende verlieren.

Was ist denn die Natur der Natur eigentlich? Wir werfen schnell plakativ mit solchen Begriffen um uns, doch gerade die grundsätzlichsten Begriffe haben wir selten wirklich ernsthaft auseinandergenommen und hinterfragt. Dabei legte uns schon Sokrates nahe, gerade das Grundlegendste infrage zu stellen. Worte sind schnell leere Schlagworte geworden.

Daher möchte ich unbedingt über die Natur der Natur schreiben, weil ich glaube, dass gerade jetzt, wo so viel über Natur und Naturschutz gesprochen und geschrieben wird, ihre eigentliche Natur aus dem Blickfeld gerät. Natur ist weit mehr als Bäume, Bäche und Schmetterlinge.

Die wirkliche Natur, das Natürliche und Bedingungslose, könnte man auch als das Tugendhafte bezeichnen. Natur beginnt dort, wo sie die Grenzen unserer Vorstellungen von richtig oder falsch, von schön oder hässlich, nützlich oder unvorteilhaft überschreitet. Wo sie künstliche, weil erdachte, begrenzte, kontrollierte und konstruierte Ideale und Regeln der Vernunft und damit der »Kultur« verletzt; wo Natur keine Funktion und keinen Nutzen haben muss, sondern einfach natürlich sein kann und wir natürlich in ihr.

Wo aber dieses »Natürliche«, die Natur, keinen Nutzen hat oder unsere Grenzen, Erwartungen und Vorstellungen überschreitet und überwuchert, genau da greifen wir spätestens zu Mückensprays, Äxten, Motorsägen, Tabletten, zu Skalpell, Kleidern und Schminke und bändigen sie wieder. Die gebändigte und vermeintlich beherrschte Natur, die uns nicht in die Quere kommen darf oder die wir bewusst »kultivieren«, weil sie uns nützlich ist, ist nicht mehr die Natur, denn sie ist nicht mehr natürlich und kann sich nicht mehr natürlich entfalten. Die Natur aber ist ein Teil von uns selbst. Und wir sind nur echt, wenn wir ein Teil der Natur bleiben. Das Wilde eben, das Unberechenbare und Ungebändigte.

Diesen Teil kann man zähmen, aber man sollte ihn nicht bändigen und beherrschen. Das ist ein gewaltiger Unterschied.

Wie einen gefährlichen Tiger im Käfig versuchen wir, die Natur zu bändigen. Doch in allem, was wir begrenzen, bändigen und ordnen, begegnen wir letztlich auch nur unserem unnatürlichen Selbst, also der künstlichen Welt in unserem Kopf und der künstlichen Welt im Außen, die wir aus den Gedanken heraus verwirklichen. So entsteht schnell eine künstliche Parallelwelt, in der wir dann leben, oft ohne es noch zu bemerken. Die Gedanken sind dann nur ein Abbild der Wirklichkeit, ein Echo. Wir wandeln auf einer Landkarte anstatt mit den Füßen auf der Erde. Was wir bändigen, das beherrscht auch uns. Das Bändigen der Natur ist ein Bändigen unserer eigenen Natur, ein Teufelskreis.

Der umzäunte Garten im Stadtzentrum ist noch lange nicht die wirkliche Natur. Auch die Sommersprossen, die wir aktuell wieder zeigen, nur weil es gerade Mode ist oder uns gefällt, haben ihr Natürliches verloren. Natur beginnt dort, wo sie über den Zaun wächst. Natur ist auch nicht das, worin wir bewusst hineingehen. Natur ist das, was wir über uns kommen lassen. Wir gehen in den Wald in der Hoffnung, dass die Natur über uns kommt und in uns geht, um dann zum Beispiel Ruhe zu finden. Der Wald, in den wir hineingehen, ist nicht der Wald, aus dem wir herausschreiten.

Man mag es Seele nennen oder Herz, dieses Natürliche, diese letzte Verbindung in uns mit dem Ursprung aller Dinge und dem eigenen Ursprung, dem Unbeeinflussten, Freien und Bedingungslosen. Geht diese Verbindung verloren, so ist auch der Mensch verloren. Versiegt diese göttliche Quelle im Strom der Gedanken und in der tosenden, künstlichen Welt, ist in letzter Konsequenz nichts Ursprüngliches mehr zu vernehmen. Kein Vogel und auch kein Blatt mehr, das auf den Boden herabfällt. Dann ist der Mensch taub für sein eigenes Wunder und seine wahre Natur. Dann erschafft er sich seine eigenen funktionalen Welten.

Was wir oft unter Natur verstehen, ist leider nur eine Vorstellung davon, was uns nützlich oder unnütz erscheint, und genau darin ist es nicht die wirkliche Natur mehr für uns. Jeder will die Natur schützen und retten, aber solange wir Natur nur mit Bäumen, Bienen, Meeren und der Luft zum Atmen aus Bäumen gleichsetzen und sie funktionalisieren und instrumentalisieren, haben wir die Natur der Natur und das Kernproblem mit der Mechanik im Geist nicht erkannt. Wir können die Natur nicht kontrollieren, steuern oder durch Eingreifen retten, jeder Eingriff durch unsere Vorstellungen zerstört sie weiter. Wir müssen sie in Ruhe lassen, aufhören, sie zu beherrschen, zu begrenzen, zu zerstören. Und das eben auch an und in uns selbst! Das Zerstören der Natur beginnt mit dem Zerstören unserer eigenen Natur. Unsere göttliche Ur-Natur sozusagen, nicht das, was wir uns unter »natürlich« vorstellen. Das Reine, das Ur-Göttliche, das Wilde und Libidinöse – alles inzwischen Synonyme für die Angst vor dem Kontrollverlust.

Natur darf einfach schön sein, ohne Grund, ohne schön sein zu müssen. Und diese Schönheit ist eine leise Schönheit, die sanft alles durchdringt. Damit wird sie wieder echt und bedingungslos. Und genau da beginnen Selbstliebe und Selbstwertgefühl auch erst. Sie sind eben kein Hurra im Spiegel. Sie sind einfach nur ein Sein, wie man eben ist. Genug sein und gerade darin dann sogar mehr als genug. Egal was andere denken. Und wir müssen aufpassen, denn wenn wir natürlich sind, »wachsen wir auch über den Zaun«. Wir sind dann nicht so, wie andere sich das vielleicht vorstellen. Und natürlich versuchen sie uns dann »zurückzuschneiden«, wenn wir logischerweise anecken.

In diesem Sein offenbart sich uns diese Schönheit jenseits unserer Schönheitsideale und Urteile, aber das müssen die anderen nicht sofort erkennen. Ganz gleich ob wir viele oder gar keine Haare mehr haben, ob wir dünn, dick, groß oder klein sind. Diese Schönheit hat keinen Maßstab mehr nötig. Denn dick ist nur im Kontrast zu dünn nicht wünschenswert, dünn eben nun mal in Zeiten des Überflusses schön und sexy. Aber schaut euch mal die Venus von Willendorf an, diese rund elf Zentimeter große und knapp 30000 Jahre alte Venusfigurine. Sie ist das komplette Gegenteil aller heutigen Schönheitsstandards. Sie wurde offensichtlich verehrt, steht als Symbol für die

Fruchtbarkeit. Und eben nicht, weil dick damals hip und trendy war. Aber jetzt kommt vielleicht jemand und sagt: »Ja, aber dick ist ungesund.« Und auch das ist nur Logik und nicht Natur. Das Paradoxon aber ist Folgendes: Per Zwang abzunehmen und damit ein Ziel zu erreichen ist genau der verkehrte Weg. Aber mit sich Frieden zu schließen – JETZT! – bringt mich in meinen Fluss zurück. Dann esse ich automatisch das Richtige und gesünder, bewege mich sicher viel mehr unter freiem Himmel, ohne in künstlichen Fitnessstudios mit Weißlicht auf Laufbändern herumrennen zu müssen. Bewege mich in der Natur, esse Natürliches, tue Natürliches. Seine eigene Natur zu entdecken und zu *zähmen* bedeutet auch, sein Schicksal anzunehmen, sich damit vertraut zu machen und seine Bestimmung zu finden. Bestimmung ist kein Ding, das sich der Kopf herleiten kann.

Wie Dschalāl ad-Dīn ar-Rūmī, der schon mehrfach erwähnt wurde, uns erinnerte: *Unsere wahre Natur finden wir im Garten jenseits von richtig und falsch, und dort sollten wir uns wiederbegegnen.* Dort erwartet uns ein *Richtig* jenseits unserer Urteile; eine Schönheit jenseits unserer Maßstäbe, ein Licht jenseits allen Scheins, ein Ziel jenseits aller Ziele. »*Das Licht der Lichter*« kommt mir da wieder aus der Bibel in den Sinn, zum Beispiel bei Johannes 8,12.

Auch Krishna wird in der Bhagavad Gita, einem zentralen Werk im Hinduismus, ganz ähnlich zitiert. Auch er spricht über dieses Licht: »*Von ihm, dem Licht der Lich-*

ter, wird gesagt, es liege jenseits der Dunkelheit; das Wissen, das zu Wissende und das Ziel des Wissens, das im Herzen aller ist.«

»Erst wenn der Mensch das Schöne im Schönen erkennt, ist auch das Hässliche da. Erst wenn der Mensch das Gute im Guten erkennt, erscheint auch erst das Böse«, so bringt es auch Laotse im Daodejing wieder einmal auf den Punkt.

Natur ist nicht sinnvoll oder schön, weil uns das gerade in den Kram passt, von Vorteil ist und unseren Vorstellungen entspricht. Es ist so wichtig, das zu erkennen!

Ich mag die daoistischen Konzepae mit den Namen *»Wuwei«* und *»Weg des Wassers«*: absichtslos und bedingungslos handeln, in jedem Augenblick, dem geringsten Widerstand folgen und fließen, um anzukommen und um Vollendung und Vollkommenheit zu erreichen. Das heißt nicht, bequem herumzuliegen, sondern ganz bei sich zu sein. Dann sitzen wir eben nicht nur faul auf der Couch. Nur der Verstand denkt das, damit wir bloß weiter auf ihn hören, mit all seinen Zielen und Absichten.

»Stimmst du mit dem Weg überein, durchströmt dich seine Kraft. Dein Tun wird naturnah, deine Art die Art des Himmels.« – LAOTSE

Aber es gibt eben einen Ort, da kann der Verstand keine Ziele mehr haben und erreichen: nämlich in der Gegenwart. Da will er nicht wirklich hin, er möchte ja weiterdenken, das ist ja alles, was er kann, auch wenn er uns einredet, Frieden finden zu wollen. Er ist alle Unruhe in uns. Er macht sich dann sogar das Ankommen im Hier und Jetzt zum Ziel und meint, irgendwas dafür tun zu müssen, es muss anstrengend sein und einen Preis haben, so haben wir es gelernt. Ein Widerspruch in sich. Der Versuch anzukommen ist das einzige Weglaufen. Die Umstände sind schon lange nicht mehr das Problem. Die Probleme selbst sind das Problem geworden. Sie führen nur noch in Umstände hinein, in denen neue Probleme sein dürfen, damit weiter gedacht werden kann. Das ist die Natur des Denkens geworden: Ziele verfolgen, Aufgaben bewältigen, Probleme lösen, die wir ohne das Denken nicht hätten. Folgt man nicht mehr dem Herzen, sondern dem Hirn mit all seinen Zielen, lebt man am Ende nur noch darin.

Erst in der Stille fand ich meine Stimme wieder. Wenn die Gedanken schweigen, beginnt meine Welt zu singen.

Wie wir mit der Natur da draußen umgehen, so gehen wir auch mit unserer eigenen Natur um, und umgekehrt. Die Welt ist ein Spiegel unserer inneren Welt, unsere innere Welt spiegelt sich dann auch wieder in den äußeren Umständen.

Der Physiker und Leiter des Mannhatten-Projektes, Robert Oppenheimer, sagte einmal: *»Ich habe keinen Zweifel daran, dass die Welt untergeht. Die einzige Chance, dies zu verhindern, haben wir, wenn wir aufhören, es verhindern zu wollen.«*[32]

Das gilt für die Menschheit, aber genauso für uns selbst.

Und jetzt denken Politiker und Wissenschaftler ernsthaft darüber nach, zum Beispiel Chemie ins Meer zu kippen, um dort Methan oder Kohlendioxid zu binden, um die Menschheit, die Natur und das Klima zu retten. Man redet über Sonnenspiegel im Orbit, um die Sonne zu verdunkeln und auch ihr Licht nachts gezielt auf Chinas Großstädte werfen zu können, um Strom zu sparen. Auch die Veränderung der Atmosphäre selbst ist im Gespräch. Durch Partikel, die die Sonneneinstrahlung vermindern, soll die Erderwärmung eingedämmt werden. Hanf-Monokulturen und noch mehr künstliche Wälder versprechen neue Lösungen, ebenso wie Elektroautos, während wir gleichzeitig Energiesparlampen in die Fassungen schrauben. Jetzt wollen wir eben massenweise Bäume pflanzen. Die Natur ist uns doch egal dabei, sie wird nur gebraucht, damit wir atmen können, die Städte nicht absaufen, die Felder nicht verwüsten. Mit der gleichen absurden Logik – viel hilft viel, und alles hat seinen Zweck und Preis –, mit der wir alles gegen die Wand gefahren haben, soll nun die Welt gerettet werden. Das kann nicht funktionieren. Wir erschaffen damit keine

Natur, sondern einfach nur das nächste komplexe Problem fürs Hirn. Wir retten damit keine Natur, noch retten wir unsere eigene Natur. Wo der Mensch mit seiner künstlichen Logik die Finger im Spiel hat, da ist die Natur keine Natur mehr. Genau das ist die Lektion, die wir begreifen müssen. Wir können die Natur nicht retten, sie pfeift auf unsere Vorstellungen; wir können nur aufhören, sie zu beherrschen und zu zerstören. Sonst blüht sie eben woanders und ohne uns weiter. Und jetzt übertragen wir diesen Wahnsinn mal auf uns selbst. Wo bringt uns der Versuch, natürlicher zu werden und uns mit allen Mitteln zu retten, denn hin? Fruchtsäurepeelings, Fitnessstudio, Vitamintabletten, Nahrungsergänzung, um nur die harmlosen zu nennen. Und natürlich steht überall auch »Naturprodukt« drauf. Aber wehe eine Ameise oder eine Spinne läuft uns über den Körper.

Natürlich, das Thema ist wirklich schwer zu durchdringen, die Mechanik des Geistes so gut verhüllt, sodass das wirkliche, natürliche, zweckfreie Sein so selten geworden ist. Wohin wird der Weg also führen, außer dass die Natur uns am Ende wieder nach Hause holt, allerdings dann zu ihren Konditionen. Wir haben nichts gebändigt, außer uns und unsere Natur selbst. Mit Absicht führt kein Weg ins Bedingungslose. Mit Kontrolle kein Weg ins Gleichgewicht. Sein ist eben kein Werden, Natürlichkeit kein herbeizuzauberndes Ding; so wie auch Selbstliebe kein erreichbares Ziel sein kann, sondern aufflammt, wenn wir aufhören, irgendetwas aus uns machen zu müssen; Liebe wartet nirgendwo speziell, sondern überall dort, wo wir auch ganz gegenwärtig und im Frieden sind. Liebe IST. Mit dem Herzen wieder hier und jetzt sein, nicht mit dem Kopf im Gestern oder Morgen, nicht im Gewesensein oder Seinwollen. Diese Liebe ist die Natur aller Dinge.

Unser Herz schlägt in dieser wahren Natur, es schlägt im Hier und Jetzt. Der Verstand ist das Künstliche, das Regelkonforme, Logische, Abstrakte und Unnatürliche. Wir sind vollkommen, so wie wir sind, unabhängig von dem, was wir denken. Aber dann wäre der Kopf nicht mehr so wichtig, das will er nicht, wir wollen das nicht, weil wir so viel Kopf geworden sind. In diesem Projekt »Ich« und »Selbstliebe« wäre der Kopf sogar dann arbeitslos.

Aus einem Richter und Henker im Kopf, aus dem Ego, würde wieder ein nützliches Werkzeug für ganz andere und kreative Dinge werden, auch um Wege zu finden, die wirklich sinnvolle Wege sind. Zum Beispiel von hier bis zum Meer und möglichst an allen realen Gefahren und Säbelzahntigern vorbei. Dafür war das Gehirn mal da: Um uns von A nach B zu bringen. Jetzt bringt es sich selbst von A nach B, hält sich für den Wagenlenker und den einzigen Passagier zugleich. Jetzt sagt der Kopf uns nicht mehr nur, wo es in diesem Moment langgeht, sondern auch, wo es hingehen soll und woher wir kommen.

Natur und Liebe sind bedingungslos. Das heißt ohne Grund und daher ohne Ziel. Sie sind einfach und fließen. Und das sollten wir auch wieder tun … einfach mal sein, gut sein, genug sein. Alles andere geschieht dann aus der Tugend heraus, und der Kopf kann sich dabei auch nützlich machen.

Aber die Logik wird das nicht akzeptieren wollen. Das ist das Problem. Ihr werdet mir nicht glauben, außer ihr glaubt es mir schon mit dem Herzen, und euer Bauch stimmt zu. Zu viel darüber nachdenken bringt nichts als neue Gedanken. Haben wir nicht genug davon?

Das Bändigen der Gedanken:
die wohl größte Attraktion
im Zirkus des Verstandes.
– Die Gedankenlosigkeit –
der Elefant unter den Gedanken,
dann Löwen, Bären, Pferde.
– Selbst die Erleuchtung –
ein Clown mit roter Nase
und seinem kleinen Hund,
– dem Erwachen –.
Für den Weisen ist wieder
nur Zirkus in der Stadt;
es ist nicht mehr sein Zirkus,
was kümmert es ihn.
Er ist einfach.
Und darin ist er wach.

Wir haben einen freien Willen, aber der liegt nicht im Kopf. Wir bleiben im Denken immer an der Oberfläche. Was uns aber wirklich sagen kann, was uns guttut, und was für uns richtig ist, sind allein unsere Gefühle. Natürlich kann der Kopf helfen, aber er kann uns nicht sagen, was wir wirklich wollen. Er kann nur denken, was wir wollen. Aber wir wollen am Ende nur ganz bei uns sein, uns spüren, die Welt spüren, zufrieden sein und frei. Der freie Wille liegt in unserem Herzen, der Kopf sollte uns die Wege bereiten, aber sich nicht die Ziele ausdenken. Daran möchte ich immer wieder erinnern.

Folge der Stimme in deinem Herzen, aber nimm auch deinen Verstand mit. Nicht andersherum!

Und jeder Logiker und Naturwissenschaftler mag darüber lachen, dass ich das Herz für *intelligenter* halte als den Kopf. Dabei finde ich den Begriff Naturwissenschaft an sich schon sehr amüsant. Wie wäre es mit *Naturverkünstlichung* oder *Naturvergeistigung*. Das ist alles richtig und sinnvoll, solange man vor lauter Denken noch die Musik der Welt hört. Wie klug also ist zu viel denken wirklich?

»Die Zivilisation geht ihrem Ende zu, wenn die Landwirtschaft aufhört, eine Lebensform zu sein und zur Industrie wird.«[33] – Dieser Satz des kolumbianischen

Philosophen Nicolás Gómez Dávila bringt es mit einem guten Beispiel auf den Punkt. So ist es nicht nur mit der Landwirtschaft, sondern mit allem und vor allem mit uns selbst. Im Denken wird aus dem Organischen etwas Künstliches, etwas Organisiertes. Aus einem Organismus, aus Mensch und Natur wird eine Organisation.

Die Kunst zu denken

Das muss ich euch in diesem Zusammenhang erzählen: Vorhin habe ich ein Video über die Eigenschaften der Zeit gesehen. Professor Sean Carroll, ein Physiker, fasst nach meinem Verständnis die »Natur« der Zeit darin so zusammen: »*Es ist nicht so, dass die Vergangenheit realer wäre als die Zukunft. Wir wissen nur einfach mehr über sie. Eigentlich wissen wir gar nichts wirklich über die Zeit, da bedient sich die Physik bei den Philosophen. Das Einzige, das wir bezeugen können, ist die Gegenwart.*«[34]

Ich mag es, wenn Physiker auch mal laut aussprechen, dass ihre Grundannahmen selbst ein frei definiertes – aber doch nur metaphysisches! – Fundament sind, auf dem sie all die hohen Gebäude errichten, die sie dann »Wahrheit« nennen. In der Schule hört man so etwas nicht, da bedeutet das Wort Zeit, die Uhr zu lesen, die Ziffern, die Einheiten, dann wird gerechnet und danach gelebt. Und ab da werfen wir das Wort Zeit einfach in unsere Argumentationen ein, wie auch den Begriff »Natur«.

Worte sind Orte, in denen die Wahrheit nicht wohnt.
Auch nicht in Zahlen und anderen Symbolen.

Einstein sagte einmal, er ginge nur noch ins Büro der Universität in Princeton, New Jersey, damit er am Abend mit Kurt Gödel nach Hause gehen und sich über die Grundannahmen der Naturwissenschaften austauschen könnte. Dieser Kurt Gödel bewies die Unbeweisbarkeit der Grundannahmen der Mathematik selbst, also der Axiome, und damit die Unvollständigkeit der ganzen Mathematik. Will heißen: Sie ist in sich selbst nicht beweisbar. Ähnliche Ansätze finden sich in der Linguistik, Neuropsychologie und Bewusstseinsforschung. Denken mag sehr nützlich sein, doch Erdachtes selbst ist niemals wirklich: Am Ende wissen wir nichts als das, was wir uns über die Dinge ausdenken und darauffolgend zu stimmigen Versen »zusammenreimen«, die wir dann Regeln und Gesetze nennen, die sich an der Wirklichkeit bewähren. Wie ein Text zu einer Melodie passt, wenn er gut ist. Und umgekehrt. Die Gefahr besteht lediglich darin, den Unterschied zwischen der Melodie und unserem Liedtext von Interpretationen und Deutungen nicht mehr zu erkennen! Dann spielt die Musik nur noch im Kopf. Dann wird die Welt nur mehr eine Welt der Worte und Gedanken … die Gedanken werden zum Ding an sich, und damit konstruieren sie sich ihre Welt selbst. Die Wissenschaft kann nichts wirklich vollständig erklären, sie kann nur beschreiben.

Die Welt folgt keinen Gesetzen.
Die Gesetze folgen der Welt.
Es gibt keine Regeln,
nach denen der Puls schlägt
oder nach denen die Blume blüht.
Der Puls schlägt. Die Blume blüht.
Bis wir beginnen zu zählen.

Wir unterwerfen uns der Zeit und ihren vermeintlichen Regeln am Ende komplett und damit den Gedanken. Dann leben wir uns immer mehr in unsere selbst gemalte Landkarte hinein, die wir über der Welt ausrollen. Und wo sie einmal ganz ausgerollt ist, ist die Welt eine künstliche Welt. Virtuelle Realität und künstliche Intelligenz prägen den Endzustand. Nichts ist mehr »natürlich«, alles ist konstruiert, aufgeteilt, begrenzt und erdacht. Der Geist kann sich sicher retten, in Computer und Roboter vielleicht, was kümmert uns dann der Zustand der Natur. Das Wort Hölle meinte in seiner ursprünglichen Auslegung übrigens genau das! Und wofür im (Ur-)Christentum dann ursprünglich der Teufel bzw. im Buddhismus Mara steht, kann man sich auch das Ego denken.

»Gehenna«, das bedeutet Hölle, ist ein Ort der fortschreitenden Verwesung und des andauernden Verfalls, so steht es im Alten Testament; ein Ort, an dem man von Gott, der göttlichen Natur, dem wahren Leben, völlig entfernt ist und den Segen, den wir als Menschen von Gott empfangen, nicht mehr bekommt.

Dieser Ort existiert schon zu Lebzeiten dort, wo das Göttliche nicht mehr hingelangt. Es ist die Welt außerhalb unserer wahren Natur, außerhalb des Herzens und die Scheinwelt im Kopf.

»Es ist ein Ort voll von Bitterkeit, Reue, Trauer, Wut, Angst und Zorn« (Römer 2, 8–9). Jesus bezeichnet diesen Ort auch als »äußerste Finsternis« (Matthäus 22, 13), an dem es am Ende nur »Heulen und Zähneknirschen« gibt (Matthäus 13, 42).

Ich mag das »Zähneknirschen«, man kann es auch deuten als: *Anstrengung, Druck, Unruhe, Stress, Mühen, Absicht, Ankommen-Wollen, Angst, zusammenhalten und Sich-Durchbeißen.* Alles hat einen Preis in dieser Welt!

Jedes Denken und jede Wissenschaft basiert auf den Grundannahmen, die in sich selbst nicht beweisbar sind. Jede Logik ist auf sich selbst bezogen und angewendet paradox. Das ist die Definition eines Paradigmas, eines Erklärungsmodells, Welt- und Selbstbildes, eines Denkmusters – es handelt sich um eine Landkarte, ein Netz, das man über die Wirklichkeit wirft, und damit auch über den Menschen selbst. Ein Paradigma ist aus sich selbst heraus, mit den eigenen Mitteln des Denkens nicht zu durchschauen, nicht zu erkennen, nicht zu verlassen. Sehen wir ein, dass zu viel Denken ein Problem ist, haben wir ein neues Problem: Der Gedanke, weniger zu denken, zieht als Problem unzählige neue Gedanken nach sich. Mit dem Kopf kommen wir nicht aus dem Kopf heraus. Es gleicht fast einem schwarzen Loch im Universum, das alles verschlingt und nichts mehr freigibt, nicht einmal mehr das Licht. Fällt der Mensch, der zu viel denkt, erst einmal über den Ereignishorizont ins Denken hinein, kommt er mit keiner Denkleistung selbst mehr aus dem Denken heraus. Im Gegenteil, er zieht schnell alle mit hinein, die nicht selbst denken wollen. Doch welche Logik hat die Logik ohne sich selbst? Welchen Sinn macht Sinn ohne den Sinn selbst? Welchen Grund hat ein Grund? Die Logik versucht, alles zu erklären, damit sie sich nur selbst nicht infrage stellen muss. Sie muss beschäftigt bleiben, immer alles erklären. Damit der Kopf nicht erkennen müsste, dass die Wirklichkeit unerklärlich und unvorstellbar ist; und dass es mehr als nur okay ist, nicht alles zu verstehen und verstehen zu können, sondern einfach auch mal wieder sprach- und gedankenlos zu sein.

Die Zeit, sie vergeht um eine Sekunde pro Sekunde. Das ist die Regel. Und alles braucht seine Zeit, auch das Begreifen, dass es irgendwann zu spät ist.

Alles hat hier seine Zeit. Aber hoffe nicht auf die Zukunft und erst recht nicht auf die Ewigkeit. Dazu ist das Leben zu kurz. Nur im Augenblick liegt die Ewigkeit verborgen. Lebe jetzt und finde sie nur darin wieder!

Wie also kommen wir aus dem Kopf heraus? Ihr ahnt es. Nur indem wir fühlen, andere Erfahrungen sammeln und verstehen, dass wir bei Weitem nicht so viel verstehen, wie wir meinen. Helfen können uns dabei durchaus Methoden und Techniken, so wie die Meditation, die bewusste Auseinandersetzung mit dem Thema, die Wiedereinkehr in die Natur. Im gesunden Maße.

Hafte also nicht an allen Gedanken, klammere nicht an ihnen, *serviere ihnen keinen Tee,* jage ihnen nicht nach, unterdrücke sie aber auch nicht. Aber erkenne ihre abstrakte Natur, und vor allem: Erkenne deine wahre Natur und die Natur der Welt. Auch das bedeutet: Erkenne dich selbst! Erkenne, dass du in den Gedanken und ihren Schubladen nicht zu Hause bist.

Gedanken…
nur Rauchwolken,
die über dem
Feuer des Seins
im Hier und Jetzt
in den Himmel steigen;
die der Wind dabei
in die Zukunft oder
Vergangenheit weht.
Bis sie sich auflösen.
An ihnen festzuhalten
oder ihnen gar nachzueilen,

wohin soll das führen,
außer in Enttäuschung
und Sinneskälte.

Lass sie ziehen, die Gedanken. Sie haben ihren Sinn, aber nur als Werkzeug, nicht mehr als Lenker deines Lebens. Sie zu unterdrücken, macht sie stärker, dieser Weg funktioniert nicht. Aber sie fließen zu lassen und sich mehr und mehr abzuwenden, ganz bewusst, das ist der Weg. Dann erkennen wir auch, dass wir das Bewusstsein um die Gedanken und ihre Dinge herum sind, nicht der Inhalt der Gedanken, der uns erzählt, wer wir wohl sind – das ist nur das Ego, unser durchaus ganz praktisches, aber unnatürliches Selbstbild – ein verzerrtes Abbild. Im Kontext von Kultur und Gesellschaft ist dieses Selbstbild ganz nützlich, keine Frage, auch dass wir Namen und Sozialversicherungsnummern haben, ist sinnvoll. Aber du bist mehr als alles, was du denkst. Mehr als nur eine Projektion im Spiegelkabinett der Gesellschaft. Du bist frei von Urteil, Idealen, Beschreibungen und Vorstellungen.

»Der Verstand an sich ist nicht gestört. Er ist ein wunderbares Werkzeug. Die Störung beginnt, wenn du dein Selbst in ihm suchst und ihn fälschlicherweise für das hältst, was du bist. Dann wird er zum Ego-Verstand und übernimmt die Macht über dein ganzes Leben.«[35] — ECKHART TOLLE

Die Bewusstwerdung ist der wichtigste Schritt auf dem Weg zurück zu dir selbst und auch wirklich zurück zu den anderen und darin zurück zur eurer wahren Natur, eurer göttlichen Natur. Aber dieses Göttliche ist kein Bild im Kopf. Es ist die Welt hinter den Gedanken, in der das wahre Glück auf den Bäumen wächst und ein beständiger Wind weht, der Frieden bringt. Der kleinste Kieselstein in dieser Welt wiegt eben mehr als all unsere Gedanken zusammen. Ihn auf der Hand zu halten bewegt mehr als alle schwerfälligen Überlegungen. Wenn der Geist nur wieder mehr, viel mehr schweigt, dann beginnen diese Welt und unser Herz auch viel lauter zu singen.

Die tosenden Wellen des Meeres machen uns orientierungslos und seekrank. So auch die ungezähmten Gedanken des Verstandes ...

Damit ein Mensch von anderen lernen kann, muss er ein großes Stück weit auch den eigenen Empfindungen und Vorstellungen darüber misstrauen, was für ihn selbst als Individuum bisher richtig und falsch war. Und je mehr er sich darauf einlassen kann, umso begabter und bewundernswerter gilt er nach den Maßstäben seiner Lehrer, umso bewundernswerter im Sinne von Gesellschaft und Kultur. Wenn das nicht Motivation genug ist, so wie die anderen zu denken, um dann besser zu denken! Die

Herausforderung für jeden Menschen besteht darin, mit jeweils einem Bein in beiden Welten stehen zu können. In der wirklich eigenen und in einer Welt mit den anderen in der Gesellschaft. Aber Freiheit bedeutet gerade, dass man nicht den anderen alles nachmachen muss. Manchmal kann es natürlich nicht schaden. Es sei denn, man mag wie Pippi Langstrumpf leben, die sich *widdewiddewitt die Welt ganz so macht, wie sie ihr gefällt*.

Wo durch Einwirken des Geistes, durch sein Erdachtes, Künstliches das bedingungslos Natürliche verloren ging, ist es leider unmöglich, es durch Absicht und Anstrengung wiederzufinden. Die wundersame Natur offenbart sich und fließt erst wieder, wo Wille und Vorstellungen sie in Ruhe lassen. Das allein ist die Natur der Natur, sie ist der Gegensatz zur Geistesmechanik. So ist es auch unmöglich, deine wahre Natur mit Absicht wiederzuerkennen. Die höchste Absicht kann also nur Absichtslosigkeit sein. Das aber steht im Gegensatz zu allem, was du gelernt hast, gerade in der Schule, nämlich dass alles einen Preis hat, dass du alles wissen musst und dass das Hier und Jetzt nicht genug ist. Das war leider eine unkluge Pauschalisierung.

Das Streben nach Erfüllung und innerem Frieden erzeugt aus sich selbst heraus überall Unfrieden und Mangel. Diese Leere und Erfüllung bedingen sich gegenseitig. Die einen suchen das Glück, und dafür müssen andere herhalten. Doch auch in uns selbst entsteht ein Loch, ein Mangel allein dadurch, dass wir glauben, wir benötigen etwas, um erfüllt zu sein. Die Überzeugung allein ist der Grund für das Mangelgefühl. Je mehr wir uns mühen, um uns zu erfüllen, umso größer muss die Leere in uns sein. Das Bedingungsfreie, -lose aber, das Vollkommene und Tugendhafte will einfach nur geschehen, und es will zu dir. Es IST die Natur aller Dinge und der wahre Geist der Welt.

Ein großer Geist umfängt
alle Dunkelheit ebenso wie jedes Licht.
Er schaut so tief in sich hinein,
bis er glaubt, aus allem herauszuschauen.
Und im Nebel trennt sich alles von allem.
Im Augenblick der Gegenwärtigkeit aber,
und damit in absoluter Klarheit,
da blickt er sich selbst wieder ins Auge.
Dann ist alles durchschaut.

Und so will auch dieses Buch nicht allen Erwartungen gerecht werden und irgendwo hineinpassen. Wenn unsere Erwartungen nicht erfüllt werden und sich unsere Meinungen nicht betätigen, das ist doch genau der Moment, wo uns die nackte Wirklichkeit begegnen kann. Wir mögen jedoch die Enttäuschung gerade nicht. Wir meckern dann lieber oder suchen Ersatz. Und das machen wir mit uns selbst ebenso. Wir nörgeln an uns herum, weil wir andere Erwartungen haben. Die Natur der Dinge aber ist frei von Zweck und Sinn. Sie ist einfach. Bedingungslos. Und darin liegt in allem auch wieder ein Wunder verborgen, das wir als Kind erfahren haben. Es ist einfach da. In jedem Augenblick.

So geht es letztlich auch nicht nur darum, was hier in diesem Buch steht. Es geht vor allem darum, dass etwas hier steht und dass dieses Buch IST, mit allen seinen Worten. Es geht nicht darum, was in deinem Kopf gespeichert ist und welches Buch, welche Geschichte du selbst gern sein und erzählen möchtest. Ob sie gut oder schlecht, richtig oder falsch, schön oder langweilig ist. Es geht darum, dass du bist, so wie du jetzt bist, und darin bist du vollkommen. Dahin führt der Weg des Zen. Es geht darum, das Namenlose, das die einen Zen, die anderen das Dao oder das Göttliche nennen, wieder in allem zu finden. Ohne Urteil und Bewertung, es einfach auch mal sein zu lassen, wie es hier und jetzt ist. Und du ahnst es: Jetzt schreibe ich gleich wieder was über dich selbst. Wie wär es mit:

Erfahre dein Zen. Alles andere ist *Unzen* und Unsinn. Und auch Unsinn darf mal sein, natürlich, das Denken ist ein Teil von uns, aber dein Ganzes ist so viel mehr, als jemals in den Kopf passen könnte!

Nach diesem Kapitel raucht gewiss dein Kopf. Also nehmen wir mal das Leben nicht so ernst; lass uns eine rauchen gehen! Diese Zeilen für dich schleuse ich gerade

mitfühlend, am Lektorat vorbei, noch ins eigentlich ferti-
ge Manuskript. Man kann eben nicht alles kontrollieren.
Gut so.

EIN WETTBEWERB, DEN ALLE VERLIEREN

*»Du kannst weiter in äußeren Umständen
nach Erfüllung suchen, natürlich!
Aber schaust du nach innen, dann findest du auch
alles in dir. Und dich in allem.«*

Was uns aus unserer Natur holt, ist die Anpassung an äußere Umstände und Regeln. Der Grund allen Übels ist das Urteil, denn aus ihm heraus wachsen Köpfe der Hydra, dem schlangenähnlichen Wesen aus der griechischen Mythologie: der Vergleich, die Verurteilung, die Angst und der Mangel.

Nehmt mal ein schönes Foto von euch. Dann lasst es mit Photoshop und vielen Filtern bearbeiten. Danach vergleicht beide Bilder, das vorher und das nachher: Das Foto, das ihr erst schön fandet, wird in diesem Vergleich jetzt eher unschön und makelhaft erscheinen. Kein Mensch macht etwas falsch, bis ein anderer kommt und es besser oder schöner macht. Wohin das führt, sehen wir in unserer schnellen Zeit.

Bewunderung, Imitation und Vergleich sind für Kinder beim Heranwachsen im Kontext der Gesellschaft und Kultur noch ganz wesentlich, um sich anzupassen und sich darin zu entwickeln. Doch erwachsen zu werden und »reif« heißt nicht nur, bei den Eltern auszuziehen, eine eigene Familie zu gründen und den Karriereweg einzuschlagen, sondern erwachsen zu werden bedeutet auch, diese Nabelschnur zu durchtrennen, die uns noch an die Gesellschaft bindet. Wir können weiterhin darin leben, uns inspirieren lassen und austauschen, aber wir brauchen die Nabelschnur nicht mehr, wir sind nicht abhängig und unselbstständig wie Babys. Auch die Nabelschnur zu unserer Mutter wurde gekappt, und sie blieb trotzdem unsere Mutter. Die zweite Nabelschnur verbindet allerdings nicht unsere Körper, sondern unseren Geist. Der war noch nicht fertig mit der Geburt. Jetzt aber sind wir groß genug. Jetzt können wir selbst denken und urteilen. Wenn wir schon urteilen müssen. Wir sind inzwischen jemand geworden; haben eine Identität, eine Persönlichkeit, einen starken Körper und einen klugen Kopf, der uns über die Runden bringen wird. Wir brauchen die Imitation und den Vergleich nicht mehr, wir müssen weder sprechen noch laufen lernen. Wir kommen allein klar! Wir brauchen keinen geistigen Babybrei mehr, mit dem wir anderen die Identität bestätigen und uns erzählen lassen, wie wir uns zu verhalten haben und was wir tun sollten, um glücklich zu sein. Der Vergleich mit anderen und die Nachahmung sind ebenso überflüssig geworden. Sie sollten Inspiration und Motivation weichen, aber wir haben es nicht mehr nötig, anderen gefallen zu wollen oder ihnen nachzueifern. Dieser kleine oder feine Unterschied zwischen Inspiration und Vergleich ist aber nicht jedem bewusst. Unser System selbst lebt davon, dass wir uns ständig vergleichen, uns anderen anpassen wollen. Wie bei den oben genannten Fotos verlieren beim Vergleichen am Ende alle und sind ständig nur damit beschäftigt, wieder Anschluss zu finden.

Wir sorgen uns oft, aufzufallen, aus der Reihe zu tanzen und nicht mehr »konform« zu leben; aber das ist Unsinn, das ist wieder der erhobene Zeigefinger im eigenen Kopf, den uns andere immer gezeigt haben, weil sie ihn im Kopf haben. Und so bauen wir dann auch Reihenhäuser, fahren die gleichen Autos, essen die gleichen Dinge, machen die gleichen Jobs, schauen die gleichen Fernsehsendungen, tragen die gleichen Klamotten. Wir passen uns an, versuchen uns etwas besser anzupassen als andere, und es erscheint uns, als wäre es das Natürlichste der Welt. Es ist aber, wie wir wissen, ein Konstrukt. Ein Rahmen. In diesem Rahmen sollen wir uns bewegen, auch weiterhin, aber dazu müssen wir nicht ganz hineinpassen. Es gibt andere Rahmen. Und nur du selbst solltest der Rahmen sein, in den du ganz hineinpasst. Wir gewöhnen uns an den Rahmen, in dem wir leben – er wird unsere Normalität. Nach vierzig Jahren Reihenhaus wundern wir uns vielleicht doch, warum sich das Leben nur so halb lebendig anfühlt, womöglich haben wir ganz vergessen, wer wir sind. Unser Rahmen sind die Ängste der Gesellschaft geworden, in der wir leben. Wenn einmal eine

Kuh einen Stromschlag bekommen hat, wird sie diese Grenze niemals wieder überschreiten. Dabei könnte sie einfach durchrennen. Und das Eigentümliche bei uns Menschen ist, es reicht, wenn uns jemand vorlebt oder erzählt, dass wir einen Stromschlag bekommen würden, dann bleiben wir der Grenze, dem Zaun fern.

Wir müssen jedoch ausbrechen, wenn uns das Abenteuer ruft, selbst wenn wir erst mal gar nicht wissen, wohin. Nur indem wir den Rahmen auch mal und dann immer weiter verlassen, finden wir in unseren eigenen Rahmen zurück. Und darin mögen wir plötzlich entsetzt, aber mit absoluter Gewissheit feststellen, dass Großstadt oder Doppelhaushälfte oder was auch immer niemals das waren, was wir wirklich im Herzen wollen. Das kann auch den Job oder den Partner betreffen. Woran wir uns aber mit dem Kopf klammern, das klammert uns das Herz ab und erdrosselt die Gefühle. Nur daran merken wir es sicher: Das Herz singt nicht mehr.

Wenn man sich nur erst mal wieder daran erinnert,
dass man HIER und JETZT ist, und völlig frei darin,
Nein! zu sagen, zu Sorgen, anderen Meinungen und
Abhängigkeiten – und Ja! zu sagen zu sich selbst,
zu Mut und neuen Abenteuern, dann ist dieses Leben gar
nicht so kompliziert und zudem verdammt aufregend!

Und wir haben auch nichts falsch gemacht bisher. Wir haben immer unser Bestes gegeben, doch was früher wahr war, muss jetzt nicht mehr wahr sein. Frieden mit uns zu machen heißt nicht, in den Umständen stecken bleiben zu müssen, in denen man jetzt lebt. Wachsen der Frieden und die Freiheit in uns, wachsen sie von selbst auch in den Umständen um uns herum, indem sie sich mit uns verändern und transformieren. Sind wir wieder in Balance, gerät auch alles im Außen in Balance. Und keine Sorge: Wir werden nicht alles verlieren, wenn wir dem Ruf des Herzens oder des Abenteuers folgen ... dieser Stimme in uns, die ausbrechen und ihr eigenes Ding machen und die eigene Welt wiederfinden will.

Der Mythenforscher Joseph Campbell beschrieb die »Heldenreise«[36] in der Literatur ganz vortrefflich. Zuerst ruft uns eine Stimme, der wir nicht wirklich folgen wollen, sie macht uns Angst. Dann aber tun wir es, bekommen Beistand und Mut. Dann kommen die Ungeheuer und Dämonen, auch in uns, denen wir die Köpfe abschlagen müssen. Sie stehen für unsere Ängste, sie sind nichts als unser alter Rahmen, in dem wir gelebt haben im übertragenen Sinne. Natürlich werden wir siegen! Und dann ist da der Schatz! Juwelen, Diamanten, Gold, Weisheit, Magie ... was auch immer. Es steht für das Wunder und das befreite Kostbare in uns, und damit ist die Reise nicht zu Ende. Denn der letzte Abschnitt ist der Weg zurück in die alte Welt. Dieser Spagat, so finde ich, ist der schwierigste. Das Neue und das Alte zusammenfügen, integrieren, in beiden Welten stehen.

Wenn zum Beispiel die neueste Mode oder das Reihenhaus vorher wirklich unser Ding waren, dann sind sie auch nach dieser Reise weiter unser Ding. Das Falsche geht und macht etwas Neuem Platz. Wir müssen uns nicht mehr vergleichen oder an anderen orientieren. Wir können den Rahmen verlassen, auch wenn die anderen das verstören wird. Dann werden wir ein »Original«.

Wir haben unsere Erfahrungen, das ist unser Schatz. Diese Erfahrungen und Erlebnisse hat kein anderer. Ein anderer weiß vielleicht mehr oder hat mehr Geld oder schönere Haare, und vielleicht ist er auch glücklich in seinem Rahmen. Aber sind wir es? Das ist die entscheidende Frage. Ein anderer Mensch kann und muss niemals das sein, was wir sind, und wir sind nicht die anderen. Ein Vergleich auf bestimmten Ebenen ist immer ein Ausblenden aller anderen Dinge, die wir in unvergleichlicher Weise sind. Und während ein Professor die Zeit nutzt, um Wissen über die Welt zu sammeln, so sammeln wir womöglich doch lieber andere Erfahrungen und Wissen über uns selbst. Oder wir leben lieber in Baumhäusern als im Großstadtloft. Deswegen sind wir nicht »unangepasst«, nur weil wir nicht in einen anderen Rahmen passen würden. Wir können beides nicht miteinander vergleichen – Tomaten sind immer röter als Karotten. Dennoch ist beides Gemüse. Und für alles gibt es ein Rezept und auch andere Zutaten, die wunderbar dazu passen und harmonieren; dann schmeckt die große Mahlzeit am Ende auch. Sind wir endlich ganz zur Karotte geworden, weil wir eben eine Karotte sind, wollen wir keine Tomate mehr sein. Und wir müssen auf der anderen Seite auch kein großes Ding mehr aus unserem Dasein als Karotte machen und es anderen unter die Nase reiben; weil wir erkennen, dass die wiederum Tomaten sind zum Beispiel … und vielleicht versuchen sie immer noch Kartoffeln zu werden. Trotzdem sind und bleiben sie in ihrem ganz ursprünglichen Sein: Tomaten.

Die meisten Dinge, um die wir andere Menschen bewundern oder gar beneiden, die wir dann selbst haben oder leben wollen, sind ohne diese Bestätigung und Bewunderung absolut wertlos und damit von den anderen abhängig. Was also wollen wir als Erwachsene noch damit? Wozu an dieser Nabelschnur hängen, uns füttern lassen oder andere füttern? Warum willst du so abhängig sein wie sie und bist nicht einfach frei und du selbst? Finden dich andere nicht kostbar und schön und verstehen nicht, was dir Freude bereitet, dann liegt das doch an ihrem Unvermögen und ihrer mangelnden Fantasie, nicht an dir. Sie sehen dich einfach nicht, sondern sich selbst und ihre Ideale und Ziele.

Und wenn du dir alle Wünsche erfüllen könntest,
es wäre nicht die Antwort. Erfüllung findest du nur in dir
und im Augenblick. Dann findet zu dir, was zu dir gehört;

dann geht, was nicht bleiben soll. Jeder Augenblick beschenkt dich neu. Dir bleibt wenig Zeit. Nutze sie weise. Das Wesentliche wartet nur im Augenblick.

Eine der größten Herausforderungen im Leben besteht darin, zu erkennen, dass keiner hier wirklich so ist wie du! Und dass auch die Wahrheiten, Träume und Ideale, die alle anderen »teilen«, nicht die deinen sein müssen. Und dann braucht es Mut, dich aufzumachen, zu dir zu stehen und deinen Weg zu finden. Und ihn auch zu gehen. Dann begegnen dir Menschen, die ebenfalls wieder ganz sie selbst sind. Und ihr werdet euch ineinander erkennen. Jeder Mensch ist besonders, genau darin sind wir alle gleich. Nur gibt es die, die es noch nicht wissen, aber oft so tun, und die, die es wirklich erkannt haben.

Natürlich kannst du es dir einfach machen, kannst andere kopieren, bewährte Überzeugungen und Schubladen übernehmen und darauf hoffen, dass ein wenig von ihrem Licht als Schein auf dich abfällt. Aber du selbst findest dich nur und leuchtest, wenn du ganz bei dir bist. Also verbiege dich nie, buhle nicht um die Zustimmung oder Zuneigung anderer. Nicht im Job, nicht in der Liebe. Nirgendwo!

Und pass dich niemals an, nur weil du nicht zu passen scheinst. Sei lieber arm an allem als arm an Licht und Wärme. Sei lieber ein Niemand, der sich selbst und anderen nahe sein kann als ein bedeutsamer Jemand, den jeder mag und zu kennen glaubt. Sei selbst dein größter *Fan und* ebenso auch dein größter Kritiker, so hält sich alles die Waage. Mach mal alles richtig und dann auch mal alles falsch. Das Echte findet sich auf diesem Weg, niemals im Ideal und im Hype, aber auch nie im Verriss und in der Entwertung. Also lass dich nicht anstecken und aus dieser Mitte herauslocken. Locke dich selbst nie aus deiner Mitte heraus.

Und dann sagen sie dir vielleicht,
dass mit dir etwas nicht stimmt,
dass du sonderbar geworden,
ja, womöglich: dass du verrückt bist.
Und dann machen sie sich Sorgen um dich,
in sich, weil du das Boot verlässt,
weil es dir nicht mehr gelingt,
deinen Sinn in ihrem Sinnvollen zu erkennen.
Weil du nicht weiter auf ihre Art abstumpfst
und dich nicht mehr auf ihre Weise abfindest.
Weil deine Müdigkeit eine andere ist,
weil deine Seele selbst todmüde ist,
aber noch lebendig und verbunden.
Doch aller Schlaf der Welt bringt nichts.
Weil es dich zu viel Kraft kostet,
deine Sinne weiter zu verschließen,
im betäubenden Äther
der blendenden Belanglosigkeiten,

Dann können sie dich plötzlich
nicht mehr verstehen, sagen sie;
doch du beginnst langsam zu verstehen,
dass sie sich selbst kaum verstehen.
Und da verstehst du auch,
dass dich die wenigsten wirklich
jemals gesehen und verstanden haben.
Nur dann, wenn ihre eigenen Gedanken
aus deinem Mund krochen
und dein Handeln ihr Handeln bestätigte
und deine Gefühle ihre Gefühle wurden.
Du erkennst, dass kaum einer
wirklich für dich da war von den vielen,
als du noch nicht wusstest,
dass du dich selbst verloren hast.
Und nun suchst du dich wieder.
Aber unter ihren Augen
und in ihren Ängsten,
da wirst du dich kaum finden.

Und falls du doch noch die Welt erleuchten oder retten magst, es ist Unsinn. Es reicht schon, wenn du auch nur im Leben eines einzigen anderen Menschen einen wirklichen Unterschied machst und er in deinem. Das ist wahrer Reichtum, und das ist der größte Erfolg. Der Rest kommt dann von selbst. Ich habe lange gebraucht, um bei den vermeintlich enormen Erfolgen und noch viel enormeren Misserfolgen zu erkennen, wie reich ich eigentlich wirklich geworden bin. Die Frage ist eine ganz einfache: Wer bist du, wenn du alles verlierst ... und wer bleibt trotzdem an deiner Seite?

Ob nun beim Flirt, im Fernsehen oder auf Facebook – mach dich nicht zur Ware, lass dich nicht konsumieren und beurteilen, ob du gut genug bist. Sonst wirst du irgendwann Dinge tun und sagen, die du eigentlich gar nicht tun und sagen willst, um zu reichen, um zu gefallen, um zu genügen. Und du wirst es nicht mal bemerken; es werden einfach nur die Dinge sein, die alle anderen gerne sehen und hören wollen. Dann bist du einer von ihnen geworden; und du selbst zu sein fühlt sich dann wie ein Scheitern an.

Meine Abenteuer und auch die unvermeidlichen Krisen, also das Loslassen, in denen ich auch das Ungefühlte fühlen musste, haben mich verändert und auch erst mal ein großes Stück weit aus dem Strom der Gesellschaft herausgerissen. Ich bin nicht mehr so oberflächlich, leichtsinnig und unkompliziert wie früher. Ich mache nicht mehr alles mit, sage manchmal einfach Nein!, ohne mich weiter zu erklären. Ich passe mich niemandem mehr an, um Erwartungen zu erfüllen, damit sich andere in mir spiegeln, sich selbst mögen und bestätigen können. Die meisten Menschen erkennen uns gar nicht, sie erkennen sich nämlich selbst nicht ohne die anderen.

Ich kümmere mich einfach überhaupt nicht mehr darum, was andere erwarten, solange ich nichts von ihnen erwarte. Ich vergleiche mich auch nicht mehr oder versuche, besser zu sein. Ich bin ich, ich bin genug, so wie ich bin. Und das war eine lange Reise. Ich versuche weder wie sie, noch bewusst oder aus Protest anders zu sein. Ich bin einfach. Unbekümmert. Frei. Ich selbst. Ich wurzle, gedeihe und blühe! Das geht auch als Kaktus. Wunderbar! Ich lebe nicht mehr das Leben der anderen, die selbst nicht ihr eigenes Leben leben. Letztlich leben die meisten das Leben von anderen und irren und wirren herum auf der Suche nach sich selbst. Kaum einer aber lebt sich. Die einen sind mit der intensiven Suche nach Erfüllung oder Selbstfindung beschäftigt, während andere sich davon erholen müssen. Mein Leben pendelte lange zwischen dem Suchen und dem Erholen. Es fühlte sich lebendig an, wenn es nur in Bewegung war. Aber auch Maschinen sind in Bewegung. Wann aber fühle ich mich wirklich lebendig? Vor allem, wenn ich endlich mal im Augenblick bin, ganz unspektakulär, einfach nur gegenwärtig. Dann finde ich in die Tiefe hinein. Wer sich wiederfindet, auch wenn es zunächst nur für Augenblicke ist, findet die ganze Welt wieder; der hört wieder jeden Vogel singen, sieht jeden Grashalm im Wind schwingen und spürt jeden anderen Menschen atmen.

Gewohnheit, Bequemlichkeit, Konformität, Misstrauen und Träumerei sind die fünf Nebel der großen Täuschung, die uns daran hindern, dem Herzen zu folgen.

Andere Menschen, die dir wirklich nahe sein können, sind sich selbst nahe, und sie blühen auch in dir. Sie begegnen dir auf deinem Weg, so wie andere dich verlassen werden. Sie öffnen sich, sehen dich und zeigen sich wirklich. Und nur so können sich zwei Menschen in ihrer ganzen Tiefe erfahren. Sie sind in Resonanz, und ihre Zuwendung ist kein Handel mit Energie und Gefühlen.

Die richtigen Menschen begleiten dich zurück nach Hause; sie beschreiten den gleichen Weg wie du. Sie geben dir Halt, wenn es stürmt, und du gibst ihnen Halt. Einfach dadurch, dass ihr so seid, wie ihr seid; und dass ihr die unvermeidlichen Stürme auf dem Weg, die jede Illusion und Verblendung mit sich reißen, nicht mehr fürchtet. Gewiss, es wird wehtun, immer mal wieder, und doch, lasst endlich gehen, was nicht wahrhaftig ist. Wahrhaftigen Menschen begegnest du erst, wenn du dich »aufgemacht« hast; und sie begegnen dir erst, wenn sie sich »aufgemacht« haben. Dieser Weg ist ein Weg in dein Innerstes und gleichsam in ihr Innerstes – heraus aus einem Spiegelkabinett der Idealisierungen und Entwertungen. Indem du dich aufmachst und dich und deine Essenz freilegst, hilfst du auch allen, die dir begegnen. Sei ein kleiner Leuchtturm. Leuchte! Renne keinem nach, ziehe keinen zu dir. Leuchte einfach. Und wer dein Licht mag, der leuchtet mit dir. Sei einfach, das ist genug.

Idealisierung und Entwertung

Wieder mal saß ich auf meinem Balkon und erinnerte mich an ein Gespräch, in dem es um idealisierende und entwertende Persönlichkeitsanteile in uns ging. Zwei Überzeugungen, zwei Stimmen vermeintlich, die oft miteinander ringen. Die eine macht uns und auch andere bisweilen schonungslos runter; die andere zieht uns hoch und richtet uns wieder auf, aber dadurch, dass sie alles nur idealisiert und sich schönredet. Was für ein Theater! Kein Wunder, dass die Tolteken diese gespaltene Stimme »Parasit« nannten. Die siamesischen Zwillinge aller Probleme, wie ich sie gern bezeichne. Es ist eine einzige Stimme, das Ego! Und Idealisierung und Schönreden ist eben keine echte Zufriedenheit. Sie ist keine Tugend, kein echter Zuspruch. Idealisieren wir, um uns die Dinge schönzureden, manifestieren wir als Kontrast und Gegenpol auch immer die Entwertung. Die bekommen wir und andere dann bei einer anderen Gelegenheit ab.

Das war alles, was wir uns am Ende erzählt haben.
Nur Geschichten. Jetzt sind wir selbst in ihnen gefangen und leben darin.

Umgehend mag man da auch an Sigmund Freud oder Carl Gustav Jung denken, wenn es um Persönlichkeitsanteile, um Entwertung und Idealisierung geht. Themen, mit denen sich die Tiefenpsychologie und die Psychoanalyse seit gefühlt ewigen Zeiten herumschlagen. Da ging es dann um das kollektive Über-Ich und um das wilde Ur-Ich, zwischen denen sich das eigentliche ICH finden muss. Eine ganz großartige Analogie zwischen wahrer Natur und der Welt im Kopf. Man muss in beiden Welten laufen lernen.

Eine gute Frage wäre also, woran erkennen wir denn die richtige Stimme, der wir folgen sollen. Gerade wenn das Ego gute Laune hat und idealisiert und träumt, hört sich das oft nach der Stimme im Herzen an! Aber was kommt wirklich aus dem Herzen und was ist nur der *Parasit* im Kopf, der ständig quatscht, der sich mal wieder irgendwo verrennen oder aus irgendwas flüchten will, der nur idealisiert oder entwertet. Kurzum: Wie unterscheiden wir wahrhaftiges Licht vom Schein des Egos?

Ich hörte einmal den Worten eines Pastors zu, wie er aus einer anderen Perspektive darüber sprach.[37] Dabei erkannte ich überraschend große Schnittmengen und bekam endlich eine fantastische Antwort auf meine Frage:

Jeden einzelnen Tag, so hob Pastor Paul Washer in diesem Video an, würde er darum ringen, sich ganz in Gott hineinfallen zu lassen. »*Die to Self, Surrender to Christ*«, so war seine Ansprache betitelt, also: »*Lass das Ego für das große Selbst, für die wahre Natur sterben, übergib dich Jesus Christus.*« Ich war überrascht, einen Christen derart klar über den Akt der Selbsthingabe sprechen zu hören, über das »*Self-Surrendering*«, wie der indische Weise Ramana Maharshi es nannte, oder »*komplettes Loslassen*«, wie meine Nachbarin Hildegard dazu sagt. Selbsthingabe, Loslassen – beides passt. Gemeint ist nicht Selbstaufgabe, also kein Aufgeben im Sinne von: Mir ist alles egal, ich spring von der Brücke. Sondern ein bewusstes Loslassen und Hineinfallenlassen, im Vertrauen.

Also blieb ich an dem Video dran, machte mir eine Tüte Erdnussflips auf (ich liebe Erdnussflips!), und hörte mir Paul Washers Rede aufmerksam bis zum Schluss an. Viele Christen sagen im Kern nichts anderes als die Buddhisten, Juden, Hindus oder Moslems. Sie sprechen alle über das Gleiche, nur in unterschiedlichen Sprachen und mit unterschiedlichen Bildern und Geschichten, die die Menschen in ihrem Kulturkreis prägen. So finden sich die Japaner dann, wenn sie dem Tod ganz nahe sind, eher an einem Fluss wieder, den sie überqueren müssen, die Christen aber stehen in einem Tunnel. Ich denke, das Ziel ist dennoch das gleiche.

Paul Washer sprach in dieser Predigt über zwei Stimmen in uns, und er ordnete sie, wenig überraschend, der Stimme Gottes und des Teufels zu. Er sprach darüber, wie diese beiden Stimmen voneinander zu unterscheiden seien und woher man wüsste, dass es wirklich Gottes Stimme sei, der man da folge. Sie scheinen sich also oft sehr ähnlich zu sein, die beiden Stimmen. Was er da ausführte, ja letztlich, was die Bibel auch ausführt, deckte sich in vielen Punkten wunderbar mit den Gedanken zu den idealisierenden oder entwertenden Persönlichkeitsanteilen in uns und mit dem Weg zu uns hin und von uns weg.

Der Pastor sagte etwas Großartiges, das in mir hängen blieb, und das möchte ich an dieser Stelle mit dir teilen und herausstellen:

»Der Teufel ermuntert uns dazu wegzulaufen, während Gott uns zuruft, zu ihm zu kommen und ihm zu folgen. Daran würden wir beide erkennen und unterscheiden können.«

Dass bei jedem von uns im übertragenen Sinn ein Teufel und ein Engel auf der Schulter sitzen, ist ja nun nichts Neues. Aber sie anhand dieses Kriteriums zu unterscheiden, hilft, den Engel nicht mit der idealisierenden Doppelstimme des Parasiten zu verwechseln. Hier geht es wirklich um die Unterscheidung der Stimme des Herzens von der Stimme des Parasiten.

Die eine Stimme mahnt uns wegzulaufen, das kann man versinnbildlichen. Worte, die ebenfalls dazu passen, sind: entwerten, rausfliegen, verurteilen, herausgehen, Abstand, Abstraktion, auflösen, Distanz, Verlust, klein machen, misstrauen, kontrollieren, relativieren, Vorstellung, Erinnerung, Zukunft, Vergangenheit, Veränderung, NICHTS.

Die andere Stimme rät uns, zu Gott hinzulaufen, auch das ließe sich übertragen: genug sein, Frieden, Fülle, Liebe, Nähe, Vertrauen, Gegenwart, Sein, bestärken, hineingehen, erfahren, berühren, ALLES.

Eine Stimme zieht uns in die Natur der Dinge hinein, so wie sie wirklich sind, alles will erfahren werden. Und darin eröffnet sie uns überhaupt erst wieder das Staunen, kann uns etwas berühren und überwältigen und letztlich: nur die Erfahrung kann uns transformieren. Diese Stimme führt uns nach Hause. Nicht als Ort, aber als Zustand. Hier! Jetzt! Sein! Und folgt man dieser Stimme immer weiter, wandelt sich die Welt zu einem Wunder zurück. Und man kann sogar über diese Welt hinausschreiten. Dieses Wunder ist unbegrenzt, der Himmel ist unbegrenzt, ist Licht. Das Mehr ist also im Weniger zu finden, das Ziel ist die Gegenwart.

Die andere Stimme zieht uns entsprechend ins Vage und Dunkle hinab. Gemeint ist das Nichts, ebenfalls grenzenlos! Es ist die Welt der Gedanken, die in sich eine Abstraktion in einem stockdunklen Kopf sind. In ihrer Natur »leer«, illusorisch, unwirklich. Gedanken sind nur in Bewegung existent, denken vor oder zurück, kausal, von der Ursache in Richtung Wirkung. Vergangenheit, Zukunft. Grund, Ziel. Sie selbst können nie im Augenblick bleiben. Sie werden nur im Augenblick gedacht. Und diese Gedanken können den Himmel überschatten und aus der natürlichen, bedingungslosen Tugend ein bedingtes Handeln machen.

»Wo der große Geist, das Dao, untergegangen ist, da gelangen Menschensinn, Gerechtigkeit und Regeln zur Geltung. Wo Überlegung und Klugheit erscheinen, da einen sie sich mit großer Heuchelei. Wo unter Blutsverwandten

kein Friede mehr ist, da predigt man dann Liebe und Familiensinn. Wo Aufruhr das Land regiert, wird Gehorsam und Treue gepriesen.«   – LAOTSE, DAODEJING, ABSATZ 18

Am Ende führt dieser Weg der Regeln und Gedanken ins Nichts. Geht man ihn konsequent, ohne Ausgleich, führt er dazu, dass der Mensch selbst sich ins Nichts führt. Nichts mehr fühlt, nichts mehr begreift, dafür aber alles weiß und jeden Ort dieser Welt kennt. Begreifen aber ist mehr als nur verstehen, wissen und Informationen sammeln. Begreifen ist erfahren, erleben und fühlen.

Mit anderen Worten: Eine Stimme mahnt uns, aus der Gegenwärtigkeit und aus unserem Fluss zu fliehen und irgendwas zu verändern oder zu machen, das sich logisch richtig und gut anfühlt. Die andere Stimme ruft uns zu sich und zu uns selbst zurück. Natürlich nicht nur mit Worten … vor allem mit Gefühlen! Das ist ihre Muttersprache.

Es scheint völliger Wahnsinn; das Gegenteil von allem, woran wir glauben, nämlich dass alles einen Preis hätte. Doch lässt du alles los, dann findet zu dir, was zu dir gehört. Und du findest Frieden. Dazu musst du aufhören zu kämpfen, die Kontrolle komplett abgeben, nicht aufgeben, sondern vertrauen. In dich, in Gott. Dann bist du frei.

Wir müssen uns entscheiden, auf welche Stimme wir in uns hören, ob wir weglaufen oder folgen. Und wir müssen lernen, besser zu unterscheiden. Die Stimme, auf die wir hören, wird immer lauter. Und die andere Stimme wird dementsprechend wieder leiser. Und irgendwann verstummt sie nahezu komplett. Den Balanceregler für die Lautstärke haben wir in der Hand.

Es geht nicht darum, nichts mehr zu denken, es geht darum, dem Herzen wieder zu folgen und alles zu fühlen, dabei durchaus auch mitzudenken und im Zweifel zu steuern.

Die Perle im Saustall

Ich möchte dieses Kapitel gern mit dem Zitat beenden, dass man seine Perlen nicht den Säuen zum Fraß vorwerfen soll. Denn es ist eine dringende Mahnung, sich eben nicht herzugeben, gefallen zu wollen, sich anzupassen, auf der Bühne zu stehen oder im Publikum Tomaten zu werfen. Die Redewendung stammt ursprünglich aus der Bibel, Matthäus 7,6: »*Eure Perlen sollt ihr nicht vor die Säue werfen, damit die sie nicht zertreten mit ihren Füßen und sich umwenden und euch zerfleischen.*«

Nun, was meint dieses Zitat wirklich, was ist der Kontext, der hier wichtig ist?

Die Perle ist ein weitverbreitetes Sinnbild in der Literatur. Als Kugel wird sie meist als Symbol für die Vollkommenheit verwendet. Ihre Farbe, ihr Wert und ihr Glanz stehen für die Liebe und ebenso für das ewige Leben. Die gnostische Deutung des Begriffs »Säue« bedeutet »Dämonen«, und hier im übertragenen Sinne auch die vergleichenden, bewertenden und (ver)urteilenden Gedanken, das Bedingte also, das für alles einen Nutzen, Wert und Preis festlegt. Das wahre Selbst jedoch, unsere Seele, dieser göttliche Funke, das Vollkommene, die Liebe, die jeder in sich trägt, diese bedingungslos schöne und unendlich kostbare Perle, die gilt es den Versen nach vor diesen dämonischen Säuen und Gedanken zu bewahren.

Die Perle ist in jedem Menschen verborgen und will sich frei entfalten und ausdrücken; doch die Achtlosen machen sich auf und suchen ihr ganzes Funkeln und Leuchten bald nur noch in äußeren Umständen und Bestätigungen. Und dabei werfen sie auch ihre Perle, ihr Heiligstes und Echtes, den anderen leichtfertig zum Fraß vor; machen sich vor den falschen Menschen nackt, um ihnen zu gefallen. Die wiederum haben einfach nur Hunger auf echte Gefühle. Also fressen sie die Perlen oder machen sie eben kaputt und weiden sich dann im Schmerz der anderen.

Und dann kleidet man sich mit scheinbar wertvollem Schmuckwerk, wie die anderen, mit erhellenden Gedanken, mit edlen Gewändern, glänzt mit perfektem Körper, und doch verlischt darin sein weises und vollkommenes

Licht. Ein Licht, das alle »*zu Kindern vor Gott machte, bedingungslos geliebt ... nicht zu Knechten und Bettlern*«, wie die Bibel dazu ebenfalls erklärt, wie hier im Römerbrief 8,14–15. Sie tauschen ihr Leuchten gegen einen Schein; ihre Perle gegen absolut wertlosen Schmuck; ihr Wesentliches gegen Oberflächliches und ihre Seele gegen einen verirrten Geist. Aus Kindern Gottes werden Bettler, weil sie vergessen haben, wer sie sind – das will dieses Bibelzitat sagen. »Erinnere dich daran, dass du ein Kind Gottes bist!«, will dieses Zitat uns zurufen, »ein wirkliches Wunder dieser Schöpfung und dieses Universums.« Ganz gleich wie du bist. Und egal woran du nun glaubst und welcher Religion du angehörst oder auch nicht: Erhebe dich und erinnere dich im Herzen daran, wer du wirklich bist, und wirf bloß deine Perle nicht den Säuen zum Fraß vor! Lass sie hungern, quieken und grunzen, die Säue, diese Gedanken in dir und anderen, die vergleichen und verurteilen wollen, geh und kehre nicht mehr um, für ein paar Küchenabfälle auf dem Boden. Deine Seele verlangt nach etwas ganz anderem!

Es ist ein Sinnbild, eine Metapher, wie alles in Büchern und Geschichten. Die Worte sind gar nicht so wichtig, entscheidend ist, mit was sie in dir in Resonanz gehen. Ich finde dieses Bild sehr stark mit der Perle und den Säuen, und es kann Menschen ansprechen und berühren, unabhängig davon, ob sie gläubige Christen sind oder Atheisten.

Aber wie immer gilt:

Glaube nichts, weil es geschrieben steht.

Glaube nichts, weil ein Weiser es gesagt hat.

Glaube nichts, weil alle es glauben.

Glaube nichts, weil es als heilig gilt.

Glaube nichts, weil ein anderer es glaubt.

Glaube nur das, was du selbst als wahr erkannt hast.

DIE KUNST, NEIN! ZU SAGEN

Nein!
So einfach ist das!

Lerne einfach, Nein! zu sagen. Es ist wichtiger als das Ja!, denn das Ja! fließt von ganz allein wieder richtig, wenn die Grenzen gesetzt sind. Ein Nein braucht NIEMALS eine Rechtfertigung und nur selten eine Erklärung. Es ist eine vollständige Antwort. Ein »Nein, weil …« oder ein »Nein, aber… « oder ein »Nein, aber, vielleicht, doch …« beherrschen wir in der Regel bereits bestens. Wenn du etwas nicht willst und deine Gefühle sich sträuben, sag Nein! Es ist die wichtigste Regel im Leben, und das größte Ja! zu dir selbst. Wenn du nett sein willst, sag: »Nein, danke!«

Wir sagen unbewusst viel zu oft Ja!, ohne zu wissen, warum eigentlich. Wir leben in der Welt des Ja! Wir sagen Ja! zu jedem Gedanken, zu jeder Ablenkung, zu jeder Chance, zu Millionen Infos und Facebook-News. Nein! – Ich will gar kein langes Kapitel über das Nein!

schreiben. Genau deshalb. Weil das Nein das schwerste, aber wichtigste Wort dieser Welt ist. Man muss es einfach aussprechen, wenn man es fühlt, und vor allem: Man muss es endlich wieder fühlen im Körper und richtig zuordnen. Wenn es dich von dir wegzieht, dich zerstreut, sag Nein! Sonst verwirrt einen das Gefühl irgendwann; dann fühlt es sich nur noch wie ein »Jein!« an oder gar wie ein Ja!, obgleich der Körper völlig zumacht oder nichts mehr fühlt. Jedes klare Nein! zu den Umständen, stärkt auch dein Nein! zu dir selbst, wo es notwendig ist. Wenn du mit etwas aufhören möchtest, wirst du dann auch ein klares Nein! fühlen und diese rote Herzlinie nicht im Kopf orange malen müssen. Es wird keine langen Debatten mehr geben. Ein Gefühl ist dann genug.

Also kommen wir zum Ja!

DIE KUNST, JA!
ZU SAGEN

Ja!
So einfach gesagt!

Wenn du das Nein! beherrschst und dich nicht zerstreust, kann dein Herz immer offen sein, und dein Leben wird bedingungslos ein wirkliches Ja! Es fließt. Auch so ein Ja! braucht keine Rechtfertigung, wenn man es fühlt und sogar ausspricht.

Sage nicht Ja!, wenn du Nein! meinst oder unsicher bist, sonst verwirrt dich das Gefühl irgendwann, dann ordnest du es falsch zu. Dann fühlst du ein Jein! oder ein Nein!, wo eigentlich ein Ja! im Herzen schlug und es sich gerade öffnen wollte. Und Ja!, das ist auch schon alles, was man über das Ja! und das Nein! wissen muss. Wir müssen uns dann nicht mehr zum Ja! zwingen, endlich mal ans Meer zu fahren oder Urlaub zu machen. Genau das kommt dann von allein, weil wir auf unserem Weg sind, in unserem Flussbett …

Nein, kein Aber …!

GRENZEN SETZEN UND DARIN FLIESSEN

Nein!
Ja!

Es wird das letzte dieser ganz kurzen Kapitel. Versprochen. Denn allein unser Nein! bestimmt unsere Grenzen. Wir brauchen dann auch immer weniger unseren Kopf dafür. Das Ja! ist unser Fließen. Wir schaffen uns mit jedem klaren Nein! ein Flussbett. Ein Ja! heißt dann: Wasser marsch! Aber das Wasser fließt schon von selbst immer mehr. Immer weiter. Mit halbherzigen Stopps! und Neins! erschaffen wir nur tausend Bäche, die in tausend Richtungen fließen. So finden wir niemals in unser Meer!

Ich hoffe, das leuchtet ein. Hier möchte ich mal nichts verkomplizieren. Wenn wir es üben, das Ja! und das Nein! wieder zu fühlen und dann auch auszusprechen, wird es zur bedingungslosen Tugend und nicht zur Regel oder Norm. Wir fließen dann einfach in dem, was wir sind. Das Nein! ist viel, VIEL wichtiger als das Ja!, weil das Ja! einfach im Rahmen des Neins! fließen wird und kann.

HEUTE SO,
MORGEN SO

Ich habe meine Meinung geändert. Es gibt doch noch ein weiteres dieser ganz kurzen Kapitel. Behalte dir bitte ebenso das Recht vor, zu jeder Zeit deine Meinung zu ändern! Was sich gestern noch richtig anfühlte, muss heute nicht mehr richtig sein. Auch das gehört dazu, Grenzen zu ziehen und wirklich Ja! und Nein! sagen zu können. Gerade auf dem Weg zu dir selbst wird so manches Ja! zum Nein! werden und manches Nein! zum Ja! Übe dich im Loslassen, das gehört auch dazu, dann kannst du auch alles richtig festhalten, was noch bleiben will, und das Neue fließen lassen. Dann bist du dir sicher. Vertraue darauf, dass das Alte nur geht, um dem Platz zu machen, wofür du bereit bist, wozu dein Ja! nun bereit ist. Alles entsteht und vergeht. Auch das, was kommt, kann irgendwann nicht mehr das sein, was bleiben soll. Fließe darin, lass es kommen. Lass es zu und lass es auch wieder los, klammere dich nicht an deine Meinung von gestern oder die für morgen. Menschen, die wachsen, lernen dazu. Neue Erfahrungen überschreiben alte Überzeugungen.

Übrigens, wo wir schon bei diesem Thema sind: Zu Dingen, zu denen du noch keine sichere oder gar keine Meinung hast, musst du dir auch nicht unbedingt eine bilden. Auch da reicht ein Nein! Wir haben in der Schule erfahren, auf alles eine Antwort wissen zu müssen – müssen wir aber gar nicht. Entweder es ist nicht dein Thema, oder deine Antwort braucht noch Zeit. Mach aus einem Vielleicht! bitte kein Ja!

ÜBER DAS AUSBRECHEN

»Wenn dem Mut erst mal Flügel wachsen,
dann schreibt das Leben
seine schönsten Geschichten.«

Ich möchte ehrlich sein. Das folgende Kapitel hatte ich eigentlich wieder gestrichen. Es ist nicht so, dass mir der Mut fehlte, es zu veröffentlichen, ach was! Aber ich dachte, es wäre vielleicht zu spirituell, zu »extrem« für die meisten Leser. Nun ist es aber so: Ich erhalte fast jeden Tag Nachrichten via Facebook und per E-Mail von Menschen, die meine Bücher gelesen haben oder meinen Podcast hören. Das sind sehr oft Menschen, die sich gerade fragen, ob sie auch mal alles »hinwerfen« sollen, um sich suchen zu gehen, oder es sind Menschen, die genau das bereits getan haben und nun irgendwo am Ende der Welt unterwegs sind. Und so erreicht mich heute auch eine Nachricht von einer Frau, die vor ein paar Jahren ihr geregeltes Leben nach einer gescheiterten Beziehung beendet hat und einfach auf Wanderschaft ging – seitdem wandert sie durch die ganze Welt. Durch Zufall war sie auf meinen Podcast gestoßen, teilte ihre Geschichte und erzählte, warum sie meine Worte so berührt hatten. Das wiederum hatte mich so zu Tränen gerührt, dass ich beschlossen habe, das geplante Kapitel doch nicht zu streichen. Denn es gibt so viele Menschen da draußen, die sich fragen, wie es weitergeht, und nicht wenige, die ausgebrochen sind und dennoch zweifeln, ob das ihr rechter Weg war. Ich möchte über das Ausbrechen und auch das Alleinsein auf so einem Weg schreiben. Möge es euch dabei unterstützen, eure Träume und vielleicht sogar Pläne aus dieser Perspektive einmal zu beleuchten. Möge es euch Mut machen!

Wir alle haben unseren ureigenen Weg, unsere Bestimmung. Eine alleinerziehende Mutter hat meiner Meinung nach ein weitaus größeres Abenteuer zu bestehen als ich auf allen meinen verrückten Reisen über Ozeane und durch die Länder in dieser Welt zusammen. Ich will keinen dazu ermuntern, nun etwa ebenfalls in ein kleines Ruderboot zu steigen, um über einen Ozean zu rudern, oder sich monatelang in den Wald oder in die Berge zu setzen und zu meditieren, aber wenn jemand diese Gedanken hat, dann hat er sie eben. Einige Freunde gehen in Kürze den Jakobsweg und pilgern. Jeweils allein, einige mit Zelt. Ich finde das großartig, weil es ein guter Weg ist, sich einmal in diese Welt des Pilgerns und In-sich-Einkehrens hineinzuspüren und sich damit in der direkten Erfahrung und im Geiste auseinanderzusetzen – mal etwas länger als dreißig Minuten in einem Meditationskurs.

Wenn ich dich am Ende dieses Kapitels ein wenig dazu ermuntern kann, dann würde mich das sehr freuen. Ich beabsichtige also nach wie vor nicht, dich zum Einsiedler, Pilger oder Aussteiger zu machen, doch die folgenden Gedanken sollen Mut machen, auch mal wieder dir selbst und deinem Herzen zu folgen. Und es braucht oft eine Weile, diese Stimme wieder klar und deutlich zu hören. So schnell gibt der Kopf nämlich keine Ruhe. Einen Toast auf das Ausbrechen also! Cheers! Woraus auch immer, wohin auch immer. Es kann der Job sein oder eine Chaos-Beziehung, die gerade deine Lebenszeit auffressen und dich verstricken. Etwas Abstand zu äußeren Umständen und etwas mehr Nähe zu dir ist oft der erste vernünftige Schritt in die Klarheit.

Ich möchte dazu über große Aussteiger der Geschichte schreiben, die ihren Weg auch für uns ein Stück gegangen sind. Was können wir von ihnen lernen?

Lange hatte ich nicht wirklich in letzter Konsequenz nachvollziehen können, weshalb so viele historische Persönlichkeiten nahezu aller Religionen, Länder und Epochen sich immer wieder in die Einsamkeit zurückzogen, sich zum Beispiel eine Mönchskutte überwarfen und die Türen ihres alten Lebens und Denkens hinter sich schlossen, um in ein anderes Leben und Denken zu steigen. Um dann womöglich ein eher demütiges Leben in großer Bescheidenheit zu führen, oft auch in Armut, aber offenbar auch inmitten eines großen inneren Reichtums und mit neuen Menschen an ihrer Seite.

Deine Gedanken und deine Beine tragen dich gewiss
zu den fernsten Zielen deines Geistes.
Aber dein Herz bringt dir auch alles näher, denn es
führt dich zu dir selbst.

Franz von Assisi kommt mir da in den Sinn, Hildegard von Bingen oder die islamische Heilige Rabia von Basra, und so geht es weiter bis zum Aussteiger Christopher McCandless, den ich im Kapitel *Die Angst vor den Gefühlen* vorgestellt habe, und dem Mystiker Johannes vom Kreuz. So viele Namen steigen in mir auf, so viele Menschen, die gerade im Mittelalter nicht mal der Scheiterhaufen vom eigenen Weg abbringen konnte, wie zum Beispiel die Begine[38] und theologische Schriftstellerin Marguerite Porete, die Gott im Menschen selbst wähnte und damit der Kirche die Macht absprach. Und am Ende waren selbst Buddha oder Jesus auf langen Reisen bettelarm und zählten doch zu den reichsten Menschen auf Erden. Was ist da passiert mit diesen Menschen und warum gelang ihnen dieser Schritt, der uns oft so schwerfällt, das Zurücklassen der alten Welt? Der Schritt hinein ins Urvertrauen und hinaus in eine andere Freiheit!

Viele von uns haben Erfahrungen machen dürfen, die mit Logik und Ratio nicht mehr so einfach zu erklären sind und die uns Momente tiefster Liebe, von Geborgenheit und Frieden in einem ganz außergewöhnlichen Maße gewährten. Damit beginnt oft jeder Weg, es ist so eine Art

Initiationserfahrung, und jede Erfahrung ist höchst individuell, unterschiedlich tief und nicht wirklich mit anderen Erfahrungen vergleichbar. Wir haben in diesen Momenten etwas gekostet, und wir wollen es wieder! Wir haben gespürt, dass es da etwas anderes gibt als den Alltag.

Auch in der Geschichte der Mystik wurde vielen Menschen eine Erfahrung oder Erscheinung zuteil, die ihnen einen ganz neuen Weg wies. Immer wieder war es Gott selbst, der sich da offenbarte, so steht es jedenfalls oft geschrieben. Aber ein Wunder oder eine Erscheinung allein vermag es selten, einen Menschen sofort, in einem einzigen Augenblick und für immer zu verändern. Vielleicht FÜR einen Augenblick, doch dann übernimmt der Alltag eben doch wieder, wenn wir diesem Ruf nicht folgen. Womit wir wieder bei Professor Joseph Campbell, dem Mythenforscher, und der klassischen Heldenreise wären. Der Ruf das Abenteuers, des Unbekannten, des Wundersamen, wir haben ihn vernommen. Etwas in uns hat sich offenbart. Vielleicht als wir zum ersten Mal richtig verliebt waren oder als wir am Meer saßen. Oder womöglich allein mitten in der Wüste von Marokko bei einem Urlaubsausflug oder auf dem Gipfel eines Berges. Da war vielleicht ein Gefühl von Größe, Freiheit und Lebenskraft, das wir mit einem Ort oder einem Menschen assoziiert haben. Und doch ist dieses Gefühl in uns drin. Es ist unser Urgefühl! Denn alle diese Augenblicke haben eines gemeinsam: Sie haben uns in den Augenblick selbst und damit zu uns geführt. Wir waren plötzlich gegenwärtiger als sonst, fokussierter, offener und überraschter. Und damit weniger im Kopf und mehr im Wunder und im Fluss des Lebens. Es geht nicht um die Umstände, die uns gütig an die Hand genommen haben, es geht um uns selbst und darum, ganz bei sich zu sein. Das ist schon das ganze Geheimnis. Aber um es zu entdecken, muss man manchmal raus aus dem Alltag, aus den Routinen und Abhängigkeiten, in denen wir uns zerstreuen und ständig zwischen heute und gestern pendeln, anstatt im Hier und Jetzt und bei uns anzukommen.

Als ich allein auf dem Ozean ruderte, brauchte es sicher drei bis vier Wochen, bis der Alltagslärm im Kopf, die vielen Fragen und Gedanken, weniger wurden. Und mit jedem weiteren Tag kam ich mehr in die Gegenwärtigkeit, und die Welt schloss sich mir plötzlich immer weiter auf mit ihren Wundern. Da kamen dann Wale, die mich begleiteten, da verzauberte mich der Himmel und das Meer in einer Tiefe, die ich nicht erwartet hatte. Und da steht oder sitzt man da auf einmal und denkt nur mehr: »So einfach ist das Leben also!« Und ich wollte auch gar nicht mehr zurück, weil es sich mit jedem Tag da draußen intensiver, lebendiger und wunderreicher anfühlte. In mein Seetagebuch aus dieser Zeit hatte ich Folgendes notiert:

»Wir machen uns so viele Gedanken darum, woher wir kommen und wohin wir wollen, dass uns gar nicht mehr bewusst ist, dass wir jetzt hier sind.«

Dieser Satz bringt mein Staunen auf den Punkt. Ich hatte Sorge vor der Rückkehr in die *laute Welt*, befürchtete, dieses Staunen und Wundern wieder zu verlieren. Und so kam es dann auch. Die ersten Wochen war ich völlig überfordert in den lauten Straßen und oberflächlichen Gesprächen. Supermärkte: ein Albtraum! Alles schrie mich an, alles bettelt um Aufmerksamkeit, jede Dose Ravioli im Regal. Ich konnte aber auch beobachten, wie ich mich langsam wieder daran anpasste. Und das wollte ich nicht zulassen, also blieben mir nur zwei Wege, wieder wegzulaufen oder mich und mein Herz zu stärken. Ich denke, ich hatte erst mal einen Mittelweg gefunden, es brauchte Zeit, die richtigen Wege in mir zu gehen.

Es sind diese Wege im Außen, die uns Mut abverlangen, die uns in diese Erfahrungen zurückbringen. Manchmal sind sie einfach nötig und dauern etwas länger, und dann finden wir auch die Wege in uns. Auch das gehört dazu: Der Kreis der Menschen, die einen verstehen und verstehen wollen, wird schnell kleiner, wenn man seine Wege gehen will, wenn man nicht verfügbar ist oder stiller wird. Der Kreis derer wird größer, die einen sogar für verrückt erklären, weil man plötzlich Laotse oder Buddha studiert. Und manchmal verläuft man sich auch in den vielen Lehren, Philosophien und Religionen, auch das gehört dazu, zum Suchen.

Zu einem Königsweg wird ein Weg ohnehin erst, wenn er auch viele Irrwege überwunden hat und auf ihnen noch unnötiger alter Ballast abgeworfen wurde. Doch an seinen Irrwegen allein wird der Mensch oft gemessen. Es muss also nicht jeder Weg richtig sein, und dennoch ist es wichtig, unserem Herzen zu folgen, denn jeder Schritt, den wir mutig wagen, ist ein Schritt in uns selbst hinein, zurück zum Wesenskern, auch wenn andere Menschen das manchmal nicht verstehen können.

»Jemandem, der einen Apfel schält, vorzuwerfen, er befasse sich mit der Schale, ist reine Unkenntnis, auch wenn es so aussieht, als sei die Situation richtig beschrieben«,[39] *wird die oben genannte Rabia von Basra oft zitiert wird.*

Hauptsache, man geht weiter und vertraut dem Weg. Muhammad ar-Rūmī soll auch gesagt haben: *»Ich versuchte, ihn zu finden am Kreuz der Christen, aber er war nicht dort. Ich ging zu den Tempeln der Hindus und zu den alten Pagoden, aber ich konnte nirgendwo eine Spur von ihm finden. Ich suchte ihn in den Bergen und Tälern, aber weder in der Höhe noch in der Tiefe sah ich mich imstande, ihn zu finden. Ich ging zur Kaaba in Mekka, aber dort war er auch nicht. Ich befragte die Gelehrten und Philosophen, aber er war jenseits ihres Verstehens. Ich prüfte mein Herz, und dort verweilte er, als ich ihn sah. Er ist nirgends sonst zu finden.«*

Und so legte er uns vermeintlich in unserer Sprache auch nahe:

»Verlasse die Komfortzone. Vergiss Sicherheit. Lebe, wo du fürchtest zu leben. Zerstöre deinen Ruf. Sei berüchtigt.«

Und das gleicht in frappierendem Maße dem, was tibetische Meister auch ihren Schülern oft raten:

»Gestehe dir deine verborgenen Schwächen ein. Nähe-re dich dem, was du abstoßend findest. Hilf denjenigen, denen du nicht helfen zu können glaubst. Woran immer du hängst, lass es los! Geh an Orte, die du fürchtest« – über-liefert nach der Yogini Machik Labdrön.

Und schlägt dieser Rat nicht wieder den Bogen zum Eingang dieses Kapitels zurück? Zerstörte Franz von Assisi nicht seinen Ruf, um dort zu wirken, wo die Angst nicht hinwollte, nämlich bei den armen Menschen auf der Straße? Und haben die Menschen nicht die Köpfe über die (damals noch nicht so) heilige Rabia geschüt-telt, weil sie sich Gott näher als den meisten Menschen fühlte und es vorzog, allein in der Wüste zu leben? Sind es nicht der Weg selbst und unsere Konsequenz und unser Mut, ihn zu gehen, die ihn erst zu einem Weg ganz zu uns selbst machen können … und damit zu »Gott«, zum Ursprung führen, in die Welt hinter den vielen Gedanken? Dabei geht es nicht darum, ein Franz von Assisi oder ein Heiliger zu werden. Natürlich nicht. Doch gerade ihr Weg zeigt uns ungeschminkt die Natur dieses Weges und ermutigt uns, ihn auch ein Stück weit jedenfalls zu gehen.

»Die Seele lässt sich mit dem Adler vergleichen, weil diese Seele hoch und immer höher fliegt, höher als alle anderen Vögel. Denn sie hat die Flügel der edlen Liebe. Sie sieht die Schönheit der Sonne klarer, den Strahl der Sonne und den Widerschein der Sonne und des Strahles, und dieser

Widerschein erlaubt ihr den Genuss des Markes der hohen Zeder«,[40] schrieb Marguerite Porete.

Für Sätze wie diese ging Marguerite auch in das Feuer der Inquisition. Man muss sicher innerlich für etwas brennen, um dafür auch ins Feuer zu gehen. Sie widerrief auch unter Folter nicht. Welche Gewissheiten haben wir denn heute, die wir so entschlossen verfechten würden? Ich könnte Hunderte von historischen Persönlichkeiten mit diesen Zeilen hier verknüpfen. Alle eint das eine: ihre feste Überzeugung, dass ihr altes Leben und ihr alter Glaube in dieser Form nicht die Antwort sein konnten. Und dann hörten sie eine andere Stimme immer lauter rufen. Die ihres Herzens und die Stimme Gottes. Diese Wahrheit brannte stärker in ihnen als alle anderen Antworten, Dogmen und Argumente ihrer jeweiligen Epoche.

Bücher und Erzählungen neigen dazu, diese Menschen zu idealisieren und damit ihre Wege zu Überwegen zu stilisieren. Wir glauben ja oft, da zog ein leibhaftig erleuchteter Buddha los, um die Buddhaschaft zu erlangen, dabei war er auch nur ein Mensch, der viele Jahre durch die Hölle gehen musste, gleich einem Dante in der *Göttlichen Komödie* oder so wie Jesus und viele andere im wirklichen Leben. Jeder dieser Menschen stand vor den gleichen harten Entscheidungen und Prüfungen, genau wie wir heute. Es waren Menschen wie du und ich; Menschen, die eine Wahl treffen mussten, an welche Form der Freiheit sie glaubten und worauf sie vertrauen wollten.

Vertrauen ist nur ein Vertrauen, wo es jede Erschütterung aushält, jede Prüfung und jeden Zweifel besteht! Und das Vertrauen und der Mut wachsen nur darin, dass wir mutig sind und immer mehr zu vertrauen lernen, indem wir dem Herzen folgen, uns dem Weg hingeben, *den Fuß mal in die Luft setzen* und erfahren, wirklich erfahren! – ihr wisst es schon –, *dass die Luft uns trägt. Nur dann wird es Gewissheit.*

»Gib alles, zieh es durch. Weiche nicht zurück. Einmal nur zieh deinen gottverdammten Weg durch«, notierte der Haudegen und Schriftsteller Ernest Hemingway.[41]

Ja, los! Mach heute einen weiteren Schritt für dein Herz; tue, was du heute tun kannst und schon so lange in dir trägst. Morgen dann wage den nächsten Schritt. Warte nicht darauf, dass ein anderer Weg vor deiner Haustür auftaucht. Du bist der Weg und bleib nicht mehr stehen, bis der Weg von selbst durch dich hindurchgeht. Die meisten Menschen verlassen ein sinkendes Schiff erst, wenn sie das Licht eines anderen Schiffs erkennen könnten. Aber wenn wir und unsere Seele im Oberflächlichen vertrocknen, welches Schiff könnte uns jemals retten, ohne dabei selbst auf Grund zu laufen? Wir müssten nur aufstehen, merken, dass wir stehen und laufen können, dann durchs knietiefe Wasser waten, nicht an Land gehen, sondern dorthin, wo wir wirklich tief tauchen, schwimmen und treiben können. Fließen. Raus aufs echte Meer eben. Dieser Ozean ist auch in dir; unermesslich weit und tief, unbändig und kraftvoll.

Mach dich auf und finde heraus, wer du wirklich bist.
Und wenn du allein es sicher weißt, ist das auch genug.

Solange wir zu Hause in unseren sicheren vier Wänden hocken, sinnbildlich, werden wir diesen Ozean nicht erreichen. Diese vermeintliche Sicherheit ist jedoch keine Sicherheit. Wir leben in einer Scheinsicherheit und opfern dafür unsere Freiheit, unser Urvertrauen und das Urgefühl der Geborgenheit. Und irgendwann schlüpft das Schicksal dann unter der einbruchssicheren Haustür durch, und wir sind erschlagen. So ist dieser Weg, der uns ruft und den wir jetzt vielleicht schon gehen, in jeder Herausforderung auch stets eine Prüfung. Und wir haben die Wahl: Wir vertrauen in unser Herz, in uns selbst und in Gott oder wie du es nennen willst. Oder wir vertrauen in materielle Sicherheiten und in die Wahrheiten unserer Zeit, die in der Zeitung und im Internet stehen.

»Jede wirkliche Veränderung bedingt, dass wir mit der Welt brechen, die wir bisher kannten; und dass wir auch alles zu verlieren bereit sind, was uns Identität gab. Das Ende aller Sicherheit! Und in einem solchen Moment, wenn wir noch nicht klar sehen können, wohin die Reise geht, und uns die Vorstellung fürchtet, was alles passieren könnte, dann sind wir schnell geneigt, zurückzuschauen zu dem, was wir sicher wussten oder noch so gerne besitzen wollten. Dennoch, es ist dieser Moment, ohne Bitterkeit und Selbstmitleid, der uns aus einem langen Traum befreit

und der uns einen höheren Traum leben lässt und weitaus größere Privilegien gewährt.« Daran erinnerte uns der Schriftsteller James Baldwin.⁴²

Wir können schreiben und schreien, dass wir vertrauen. Doch es wird und ist nur darin erst wirkliches Vertrauen, wo wir es jeder Prüfung entgegenhalten und mutig unser Ding durchziehen, sonst ist und bleibt es ein Hoffen oder Wünschen. Ohne einen schweren Weg und schwere Entscheidungen bleibt jedes Vertrauen nur Theater und Theorie. Was wir eigentlich suchen, haben nur sehr wenige Menschen jemals entdeckt. Wenn auch viele hier und heute etwas für sich gefunden zu haben scheinen, was sie zu suchen glaubten, ist es doch etwas anderes. Nicht wahr? All die schönen Geschichten, Traumehen, Traumhäuser, Traumurlaube, Traumautos, Traumjobs – alle Medien, auch die sogenannten sozialen Medien, leben davon. Wenn das alles echt wäre, warum müssten wir es dann dort zeigen? Und was wären wir dann noch, wenn wir alles verlieren, allen Besitz, Status, Geld, Aufmerksamkeit, Zuneigung? Wenn wir komplett scheitern, wer sind wir dann? DAS ist die einzige Frage, die zählt. Was sind wir ohne das, mit dem wir uns da kleiden und schmücken und zu schützen versuchen?

Was wir suchen, wartet dort, wo die Angst uns im Weg steht. Denn wofür steht sie sonst als für den Kontrollverlust? Aber was genau sind denn bitte Hingabe und Fließen im Lebensstrom und Loslassen im Gegenwärtigen, wenn nicht das genaue Gegenteil von Kontrolle und

Absicht? Und was heißt es denn, GENUG ZU SEIN, als das komplette Gegenteil von ständigem Suchen und Denken sowie tausend Dinge erreichen und besitzen zu müssen. Wer sind wir und was trägt uns, wenn wir nichts mehr haben als die Luft zum Atmen? Und was trägt uns beim letzten Atemzug?

Es ist ein Losmachen vom Ufer, denn wer auf das Meer hinaus will, der muss die Leinen auch irgendwann kappen. Dann kann er immer noch steuern mit seinem Steuerruder, und er kann die Segel setzen und einholen. Er ist nicht dem Wind oder den Wellen ausgeliefert. Er ist im Einklang mit ihnen! Er ist das Meer und der Wind. Und dann gibt es Tage der Windstille, da geht gar nichts voran. Und dann gibt es Stürme, und wir könnten glauben, wir hätten alles falsch gemacht. Erinnert ihr euch an das Gleichnis von Jesus auf dem See? Er war nicht so beunruhigt über den Sturm wie seine Jünger, die zu ertrinken glaubten. Er war entspannt, denn sein Glaube und sein Vertrauen waren stark genug. Im Übrigen holen uns diese Stürme und Flauten auch irgendwann in unseren vier Wänden, in unserem Alltag ein. Dann verlieren wir den Job oder den Partner, dann werden wir krank, und irgendwann sterben wir. Wie schon über einhundert Milliarden Menschen vor uns auch. Wir können den Stürmen nicht ausweichen. Aber wo wir das Segeln lernen und mit ihnen segeln, wo wir rausgehen aufs Meer und in den Wind, nur da lernen wir zu vertrauen. Nur dort lernen wir, dass da so viel mehr ist, als wir uns in unseren vier Wänden und Fernsehprogrammen vorstellen können, dass wir viel weniger zu verlieren und viel mehr zu gewinnen haben, als wir denken. Darum sollten wir nicht das ganze Leben im Bürostuhl oder auf der Couch sitzen bleiben. Wenn das Herz irgendwann ruft, dann sollten wir ihm folgen und wirklich sicher wissen und fühlen, dass es das Herz und nicht wieder der Kopf ist, der da träumt und idealisiert. Denn wenn wir das nicht tun, wenn wir nicht mehr unseren Gefühlen trauen, werden sie irgendwann verstummen und zum Instrument des Kopfes. Sterben werden wir alle, die Frage ist, wofür und ob mit Seele oder ohne.

Wenn du nur lange genug Dinge tust, die du nicht wirklich aus tiefstem Herzen willst, dann wirst du am Ende überhaupt nicht mehr wissen, was du willst, noch wer du eigentlich bist. Dann nimmst du alles, wie es kommt. Darum folge deinem Herzen, es führt dich aus diesem Teufelskreis heraus.

Also lasst uns mutiger sein und jede Prüfung als eine Chance begreifen, eine Chance, theoretisches Vertrauen zu wirklichem Vertrauen zu machen, bis es Gewissheit ist. Denn nur Gewissheit bedeutet auch: dass es wahr ist und wir darin Frieden finden.

Es sind nicht die einfachen Wege, die uns ans Ziel führen. Wer sich aufmacht und zu sich findet, der wird auch alles wirklich Wesentliche im Herzen finden, nicht derjenige, der einfach an irgendetwas mitglaubt oder mitsingt, weil andere es glauben oder singen. Glaube nicht alles, was du denkst. Nicht wer an etwas glaubt, wird finden, sondern der, der sich aufmacht, der sucht und die Wahrheit selbst erfährt. *»Denn nur wer bittet, der empfängt; und nur wer sucht, der findet; und nur wer anklopft, dem wird aufgetan ...«*   – MATTHÄUS 7, 8

Auch an jenem Tag,
da du erkennen musst,
dass dir alles Kämpfen,
Mühen und Zwingen hier
keinen Frieden schaffen konnte,
wird die Sonne wieder,
wie an jedem anderen Tag auch,
hinter dem Gewölk entlangwandern.
Doch zum ersten Mal im Leben
wirst du mit ungetrübten Augen
und mit wundweitem Herzen
hinter den Horizont
deiner Gedankenwelt blicken
... und da wirst du verstehen.

MIT JEDEM SCHRITT –
ZU HAUSE

*»Der Weg wird erst zum Ziel, wenn du
mit jedem Schritt ankommst, aber auch mit jedem Schritt
ganz bei dir bist und bei dir bleibst.«*

Kannst du also erahnen, dass hier auf Erden so viel mehr
zu entdecken ist, als du dir vorstellen und erklären
kannst? Dann folge bitte diesem Verdacht und *»werde,
der du bist«,*[43] wie Friedrich Nietzsche schrieb. Dann
siehst du die Welt auch wieder, wie sie wirklich ist.

Auf dieser Lebensreise wirst du an einen großen Fluss
gelangen. Und keine Brücke führt hinüber. Da kannst du
flussaufwärts und flussabwärts wandern, aber sei dir gewiss, es wird sich keine Brücke zum Überqueren finden.
Dafür aber viele Wege, die dich in deine Vergangenheit
zurückführen wollen. Ich rate dir, nimm keinen davon!
Vertraue dir mit ganzem Herzen, vertraue dem Strom
und spring hinein! Und erst wirst du nicht wissen, wie
dir geschieht, und du wirst diesen Sprung bereuen und
gewiss meinen, nun zu ertrinken. Je mehr du kämpfst,
umso tiefer zieht dich das Wasser zum Grund. Also hörst

du auf, zu kämpfen, lässt los, und plötzlich trägt es dich empor! Und da stehst du am anderen Ufer. Bist nicht einmal mehr nass. Dort finden sich keine Wege, aber vertraute Stimmen kannst du vernehmen und Vögel, die du sehr lange nicht mehr singen hörtest. Die Luft ist so klar, dein Herz ist so weit. Du schließt deine Augen, du lächelst, du weißt … und da nimmt jemand deine Hand und flüstert: »Schön, dass du wieder da bist!«

Über diesen Fluss möchte dich dieses Buch begleiten. Die Texte waren sicher an einigen Stellen überraschend. Manchmal waren harte Sprünge dabei. Mal plätscherte es ganz sanft dahin, dann hob sich ein Zeigefinger der Mahnung, da kam vielleicht die Lehrertochter in mir durch! Das bin ich halt auch. Ich habe dieses Buch nicht versucht, zu sehr mit der Vernunft zu glätten, es fand ganz von selbst alles zusammen, wie es nun da steht. Versteht diese Brüche bitte wie einen Zen-Meister mit Rohrstock, der euch immer wieder in der Meditation auf die Schulter damit schlägt, um euch wieder ins Hier und Jetzt zu holen. Nicht verhaften, nicht mit dem Geist hinfort treiben. Und wie in einem paradoxen Kōan-Gedicht im Zen-Buddhismus, das zum Beispiel fragt, wie es klingt, wenn eine einzelne Hand klatscht, so finden sich gewiss auch Widersprüche in meinen Aussagen. Lasst sie einfach stehen, versucht bitte nicht, alles nur mit Logik zu zerlegen. Denn die große Wahrheit liegt hinter dieser Wahrheit, die nur richtig oder falsch kennt, und so ist dieses Buch auch ein Vorantasten zum Unbeschreiblichen, hin zu Gott, ohne diesem Wortsinn die alten Kleider anzuziehen, wie es die Kirchen viel zu lange getan haben. Dieses Buch ist in sich eine kleine Reise durch Stürme und Flauten. Wie schon geschrieben. Die große Wahrheit, die Wirklichkeit ist ein gnädiger Ozean, über den sich alle unsere Meinungen und vermeintlichen Wahrheiten wie Wellenkämme emporheben dürfen, so lange jedenfalls, bis sie unter ihrer eigenen Last wieder zusammenbrechen oder wir selbst mit ihnen vergehen. Doch die Wirklichkeit ist auch ein weiser Ozean, der zwar jede Wahrheit erträgt, aber mit keiner davon jemals untergehen wird. Zu viele Gedanken über den Grund aller Dinge sind schnell wie ein Nebel, in dem der Mensch wandelt. Ihr Lärm macht ihn taub für die Klarheit und Stille; ihr heller Schein macht ihn für das wahre Licht blind. Ganz gleich, was wir aus uns und dieser Schöpfung machen, am Ende ist sie einfach da, wenn wir gedankenlos auf den Boden sinken. Und denke immer daran: Keiner hat wirklich einen Plan und weiß, was er hier tut. *Wir* tun alle nur so. Also entspann dich und mach einfach dein Ding.

Ich würde mich freuen, wenn du dieses Buch in jedem Augenblick als das annimmst, was es jetzt gerade für dich ist; und dass du vertrauen kannst, dass es dich genau so, wie es ist, finden sollte. Dann glaube ich, ist ein schönes Ziel erreicht, ganz von selbst. Wenn nur eine einzige Seite oder eine Handvoll Sätze wirklich etwas in dir anstoßen, wenn ihre Musik auch in dir zu spielen beginnt, dann glaube ich, wäre das etwas sehr Besonderes. Gerade im Zeitalter des Überflusses und der Informationsschwemme, wo wir so vieles lesen und besitzen können, ist das Wesentliche und Besondere das Kostbarste der Welt geworden. Entdecken können wir es überall und in allem, aber eben nur hier und jetzt und in absoluter Gegenwärtigkeit … jenseits unserer Urteile und Erwartungen. Und dann hoffe ich, dass du dir selbst ebenso begegnen kannst.

Auch liest man immer wieder die entscheidenden Worte in unterschiedlichen Sätzen und Zusammenhängen. Bis man sie dann vielleicht wirklich zum ersten Mal hört und begreift. So ist es auch im Leben, denn wie oft stolpert man am Wesentlichen vorbei, weil man es schon zu kennen meint!

Das Weniger ist mehr. Was immer jetzt vor euch liegt, es ist alles drin, es ist alles Zen. Jeder Schritt, jeder Wimpernschlag, jeder Satz in diesem Buch und in jedem anderen kann ein Wandern im Zen sein. »*Das große Dao fließt überallhin, zur Linken wie zur Rechten. Es liebt und nährt alle Dinge, herrscht und urteilt aber nicht über sie*«, das hinterließ uns Laotse noch für dieses letzte Kapitel.

Mit anderen Worten: Die Wahrheit ist überall, wenn man sie wieder hören, sehen, fühlen, riechen und schmecken kann, doch nicht nur mit Ohren, Augen, Händen, Nase und Zunge … sondern auch mit dem Herzen, und das schlägt nur hier und jetzt. Gib dich dem Augenblick bitte hin. Sooft es geht.

Ergib dich dem Strom, der alles hinfortreißt;
alle deine Wünsche, deine Ziele und Träume,
deine Erfolge, dein geplantes Leben.
Tauche ein, geh unter, in seinem Wunder.
Ertränke deine Gedanken im Unvorstellbaren.
Ertränke deinen Stolz im Unerreichbaren.
Ertränke deine Gier im Unfassbaren.
Ertränke deine Ängste im Unergründlichen.
Ankere deine Rastlosigkeit in der Unendlichkeit.
Verweile einen Augenblick im Weltenstrom,
in dem die Ewigkeit selbst dahinfließt;
an dessen Ufern alles und jedes Leben erblüht,
bis es bald wieder verwelken wird.

Alles, was wir suchen, ist in uns. Erfüllung, Liebe, Geborgenheit. *Wir dürfen nur nicht müde werden und sollten dem Wunder leise, wie einem Vogel – aus Hilde Domins Gedichten – die Hand hinhalten.* Immer wieder.
Wieder sehen, mit dem Herzen also. Viele Menschen haben das Wundern und Staunen über das Leben und die
Welt verloren. Alles andere sind nur komplizierte Aus-
reden und kryptische Diagnosen. Das Staunen heilt uns
und heilt von selbst die Welt mit Dankbarkeit, Demut,
Mitgefühl und Liebe … mit tugendhaften Gefühlen

anstatt mit noch mehr unnützen Gedanken, Plänen, Zielen und Informationen.

Erst tut sich dann ein Riss in dir auf, Licht scheint hinein. Dann öffnest du die Vorhänge. Und es wird immer heller. Und wie du zur Tür gehst, endlich bereit dafür, aus dir herauszuschreiten, da ist dein ganzes Haus plötzlich verschwunden. Und da ist nur noch Licht. Dein Licht! So viel Liebe und Fülle.

Es ist alles in uns. Und wenn wir das entdecken, entdecken wir es im anderen ebenso. Dann können wir uns auf ganz neuen Ebenen begegnen. Und wir können auch andere daran erinnern, wenn sie es vergessen haben. Die Offenheit ist es und ebenso die Leere, die einem Gefäß erst seinen Sinn geben. Und das Gefäß selbst gibt darin der Leere Sinn. Was nützte es denn der Fülle und was nützte es der Leere, wo alles nur im Nichts zerfließt? So bist auch du nur ein Gefäß. Erfülle dich, entleere dich. Finde Sinn und mache Sinn. Vor allem aber, bleib offen und erspüre jeden Tag neu, womit du dein Gefäß da befüllst. Allein dass du entscheiden und dich umentscheiden kannst, unterscheidet dich vom gewöhnlichen Blumentopf.

Als Kind sind wir abhängig von anderen und den Umständen, wir sind auf sie angewiesen. Sonst würden wir an Nahrung und an Zuwendung *verhungern*. Die Gesellschaft und ihre Kultur haben uns die Anteile, die wir vermissen, im Außen gespiegelt, und zum Teil haben wir sie tief in uns weggeschlossen, weil wir verletzt wurden.

Nun zeigen wir mit dem Zeigefinger schnell auf andere oder suchen mit den Augen da draußen die Erfüllung.

Alles war nur verschleiert; unsere Lebensreise ist nur der Weg vom Herzen zurück ins Herz, der sich leider eine Weile durch den Kopf schlängelt. Und als reifer, erwachsener Mensch ist es an der Zeit, ins Herz zurückzukehren, diese Anteile wieder in sich zu erkennen und nicht mehr nur nach außen zu projizieren bzw. sich darüber wenigstens bewusst zu sein, wo es passiert. Wir brauchen die anderen nicht mehr, um zu überleben bzw. um uns zu bestätigen oder auch lieben zu lassen; auch brauchen wir die meisten Sachen aus der Werbung nicht, die andere vielleicht brauchen, um sich damit vermeintlich zu erfüllen. Unsere Kultur und Gesellschaft lebt leider nach wie vor zu sehr davon, dass diese Abhängigkeiten bestehen. Ganz erwachsen sein und erwachen bedeutet also, diese Nabelschnur nun zu kappen. Wir brauchen niemanden mehr, wir dürfen bewusst, aber wir müssen nicht mehr. Und dann wollen und können wir auch endlich richtig. Unsere Energie gehört uns dann ganz. Wir müssen andere nicht mehr erfüllen oder von uns erfüllen lassen, keinen mehr bestätigen, nicht »lieben« … erst dann können wir es wirklich, weil es ein freies, tugendhaftes Gefühl ohne Zweck und Erwartung sein kann.

Alles, was wir uns vorstellen können und wonach wir uns sehnen, muss letztlich in uns sein. Die Sehnsucht selbst projiziert diese Gefühle nach außen und erzeugt darin in uns ein Mangelgefühl. Wir können nur vermissen, was wir kennen, und damit in uns tragen … die Sehnsucht selbst trägt dieses Gefühl nach außen und von uns weg. Zurück bleibt das selbst gegrabene Loch, der vermeintliche Mangel. Wie oft habe ich allein über diesen kurzen Absatz nachgedacht, bis ich ihn auch ganz verinnerlichen konnte.

Wieder gegenwärtig zu sein, ganz in uns und in unserem Herzen, bedeutet: sich nicht mehr zu »veräußern«, nicht mehr zu suchen, zu sehnen und uns zu zerstreuen in tausend Beschäftigungen, Verpflichtungen, Aufgaben und Gedanken. Was dann bleibt, ist nichts als Fülle, und die hat keinen Preis und ist an keine Bedingungen geknüpft! Was wir sind, ziehen wir dann auch an. Fülle! Und erfüllte Menschen können wundervoll mit erfüllten Menschen tanzen.

Lass es einfach los, den ganzen Zirkus!
Lass die Politik los, lass das Wetter los.
Lass alle Überzeugungen und Meinungen los.
Lass die anderen in dem Theater
glücklich oder unglücklich sein,
erfolgreich oder erfolglos,
verliebt oder verloren;
lass es einfach los.
Werde, wer du wirklich bist.
Denn es ist schon genug,
sich einer einzigen Herzenssache
nur für einen Augenblick

vollkommen hinzugeben.
Mehr musst du nicht wissen,
mehr musst du nicht können.
Eine einzige Sache nur,
gibt dich ihr ganz hin.
Mit dem Geist und dem Herzen.
Darin vollendest du ALLES.
Darin verbindest du wieder
Wahrheit und Wirklichkeit.
Dann erfährst du Vollkommenheit.

Und doch: Gegenwärtig sein im Augenblick und damit bei sich sein zu können ist eine unserer größten Herausforderungen im Leben. Selbst Zen-Meister widmen dieser Aufgabe ihr ganzes Leben. Aber eines eint alle Menschen, die die Gegenwart wiederentdecken: Sie sind ihren Weg gegangen, sind ihrem Herzen gefolgt, sind ausgebrochen aus alten Routinen, Denkmustern und Hamsterrädern; sie standen ihrer Bestimmung (Wink mit dem Zaunpfahl: Erfüllung!) und ihrem Weg (Wink mit dem Torpfosten: zu sich selbst) nicht länger im Weg. Sie haben sich aufgemacht und haben die Gegenwärtigkeit immer öfter gekostet. Und dann wird dieser Weg ein Selbstläufer, und irgendwann schreitet er durch dich hindurch. Und auf ihren Wegen haben diese Menschen den Mut gefunden und das Vertrauen, das man braucht, um ganz bei sich zu sein, Kontrolle und Vorstellungen aufzugeben und zu fließen, ohne zu zerfließen. Das bedeutet, loszulassen und sich hinzugeben. Die Seele wirklich im Vertrauen baumeln lassen. So könnte man es nennen. So trivial eigentlich und doch ist das Einfachste und Naheliegendste manchmal das Komplizierteste. Wir sind gewohnt, uns anzustrengen und zu suchen, dann sieht man den Wald nicht mehr vor lauter Bäumen. *Ja, die Seele baumeln lassen.* Welch ein schönes Wortbild! So wie Seelenfrieden. Herzschaukeln. Gedankenerden. Kopflüften. Zehenwippen. Fingertanzen. Hautkribbeln. Bauchgefühl. Lippenspagat. So einfach und doch so unfassbar mutig und schwer. Eine Floskel für den Kopf, aber ein Lächeln im Herzen.

Atme tief ein und wieder tief aus … komm zur Ruhe, immer mehr, fühle deinen Körper und spüre dein Herz. Fühle, was da ist, fühle dich. Dazu braucht es die Kühnheit, auch die schweren Gefühle und Ängste zuzulassen und sich und anderen zu vergeben. Sind die Gefühle stark genug und die Gedanken klar, dann trifft man mit dieser vereinten Kraft aus Herz und Hirn klare und sichere Entscheidungen. Einfach fühlen. Es sind nur Gefühle, die tun wirklich nichts, sie wollen einfach nur gefühlt werden, dann gehen sie und machen größeren Gefühlen, stärkeren Kräften und tieferen Erfahrungen Platz. Alles will nur gesehen werden, so wie es ist.

Finde deinen Weg und deine einzigartige Bestimmung, indem du dich erst mal selbst (wieder)findest und erspürst und allumfänglich erfährst. Dann werde wie klares Wasser, das einfach fließt und seinen Weg findet, indem es sich ohne Druck und Sog in seinem Element und in seinen Grenzen bewegt, das dabei Steine höhlt und ganze Berge teilt, ohne Zwang und Gewalt und ohne die Eile, bis zum Feierabend zum Meer taumeln zu müssen. Dann fließt du auch mit anderen Menschen zusammen, die ebenfalls zu sich selbst unterwegs sind, vereinst dich mit ihren Strömen. Am Ende fließen wir eben doch alle nur ins Meer zurück. Dann sind wir ganz in diesem Meer, und dieses Meer ist dann auch ganz in uns!

Wär' nicht das Auge sonnenhaft,
die Sonne könnt' es nie erblicken.
Läg' nicht in uns des Gottes eigne Kraft,
wie könnt' uns Göttliches entzücken?
— JOHANN WOLFGANG VON GOETHE

Eigentlich hatte ich vieles im Leben: Verlobungsringe, reichlich Fame und Funk, viele Garantien und Sicherheiten, Geld und Aktien, Traumjob, großes Haus, Weltrekorde, Bestseller … und gewiss hätte ich noch viel mehr davon haben können. Vor mir lagen so unglaublich außergewöhnliche Chancen. Aber alles vergeigt! Veni, vidi, violini – ich kam, sah und vergeigte! Nur weil mein Herz einfach keine Ruhe fand und stets weiter drängte; weil alles zwar oft sehr groß schien und doch nicht meins war; weil es mich eher verdrehte und nach unten verbog, mich kleiner und unauthentischer machte, lange kaum spürbar allerdings. Und so packte ich meine alte Gitarre wieder ein und folgte meinem Herzen, gegen jede Vernunft und gegen die allergrößten Widerstände und Hoffnungen. Auch in so manchen bodenlosen Abgrund hinein, in lange, stockdunkle und hoffnungslose Nächte. Jetzt habe ich nichts mehr. Nur noch mich selbst und mein tollkühnes Herz, weit wie die Welt, offen wie ein Scheunentor ... und darin: Gott selbst und die Menschen, für die das alles sehr richtig so ist, für die ich richtig so bin und wirklich nah und groß.

Das Buch ist geschrieben. Vor mir liegt mal wieder nichts als der Horizont, und er erwartet meinen nächsten Schritt. Freiheit, ohne verloren zu sein. So fühlt es sich an. Der Zauber, der jedem Anfang innewohnt, er wohnt nun jedem meiner Schritte inne, wo ich nur wahrhaftig und aufrecht weiterschreite. Und das ist auch schon alles. Ich bin zu Hause. In mir. Und damit meine ich eben nicht den Körper oder den Geist ... das ist alles ein Teil nur.

»Panta rhei« – Alles fließt, nichts bleibt, wie schon die Philosophen im antiken Griechenland wussten – und ist bis zum Vergehen und Loslassen einfach nur so, wie es hier und jetzt eben ist. Aber im Augenblick ist es ganz und vollkommen. Ich wurzle nirgendwo mehr, außer in mir selbst und damit auch in Gott und in den Menschen, die ebenfalls in sich und damit in Gott wurzeln. Damit verwurzeln wir miteinander, ohne uns zu fesseln. Uns gehören nur der Horizont und alles Verborgene dahinter. Hier gehört uns nichts wirklich, hier sind wir nur Gäste, und alles ist uns nur in jedem Augenblick neu geschenkt. Was kommt, kommt ganz; was geht, das geht für immer.

Wer sich an alles klammert, der klammert sich an nichts; und irgendwann klammert das Nichts dann zurück. Wenn ich eines begriffen habe im Leben, dann das: Menschen, die das Nichts schon in den Armen hält, die reißen jeden mit sich, den sie irgendwie noch zu fassen bekommen. Es ist unser Herz, das uns warnen kann. Darum habt Mut und hört es wieder schlagen, sprechen und singen. Ohne Mut im Leben und ohne gegen den Strom und alte Vorstellungen zu schwimmen, gelangt man nirgendwohin. Nur immer weiter weg von sich selbst und damit von Gott. Und das ist tatsächlich der einzige Preis, den wir hier zahlen müssen; nämlich dann, wenn wir uns für alles hergeben, mit unserer Zeit, mit unserem Körper, unserer Aufmerksamkeit, unseren Gefühlen und Gedanken … und damit jeden Tag ein Stück mehr von unserer Seele verkaufen.

Wo kein Raum mehr engt
und keine Zeit mehr drängt
da sitze ich
und schau den Bergen
beim Wachsen zu.

Ich danke euch!

ZUM AUSKLANG

Der Weg der Wege

Wie leichtfertig es doch war, anzunehmen,
dass auch jeder andere sein Innerstes
gern ganz nach außen stülpen würde.
Damit es tief berührt werden kann,
und auch selbst tief berühren darf.
Und wie fahrlässig ich da handelte,
ohne es damals besser zu wissen,
ohne gut auf mich zu achten,
so transparent und durchlässig zu sein,
ganz offen, ganz weit, ganz weich.
So drang das Äußere der anderen,
ihr Engstirniges, Hartes und Forderndes,
mir dann im ersten Winter gleich,
wie eine scharfkantige Lanze aus Eis,
mitten ins warme, offene Herz ein.
Immer wieder und immer tiefer.
Und stets nahm ich umgehend an,
dass ich nur nicht warm genug wäre,
um das Eisige schmelzen zu können.
Dass es längst viel zu kalt sein könnte,
kam mir nicht wirklich in den Sinn;

das schien mir einfach unvorstellbar.
Also hoffte ich auf den nächsten Frühling.
Und dann auf den übernächsten.
Doch in jedem Jahr fror ich ein wenig mehr.
Da half auch kein neuer Rekord-Sommer.
Ich meinte noch, ich müsste stattdessen
nun vielleicht selbst viel kälter werden,
um mich anzupassen und abzuhärten.
Und ich übte mich auch sehr darin …
Wie kalt ich längst war, bemerkte ich nicht.
Dann brach ein anderer Schmerz herein …
der trostloseste Schmerz, den ein Herz
nicht mehr zu ertragen imstande ist:
das Absterben aller Gefühle selbst.
Nichts mehr spüren, lebendig tot sein,
ein leeres Herz, das völlig umsonst schlägt.
Die dunkelste und kälteste Jahreszeit
im Leben eines Menschen gewiss.
Mir blieb nichts anderes mehr übrig,
als mir mein Licht wieder anzuzünden,
mich zu öffnen und verletzbar zu sein.
Und so oft erlosch es wieder,
wenn der unbändige Wind da draußen
einen tosenden Sturm entfesselte.
Also zündete ich es wieder an.
Wieder und wieder und wieder.
Es gab Nächte, da wäre ich einfach gern
eingeschlafen in der betäubenden Kälte

auf meinem Lager verbrauchter Zündhölzer.
Und manchmal fühlte sich Kälte wie Hitze an;
dann wollte ich gern wieder ganz nackt sein.
Doch dann bist du fast schon erfroren.
Nun brennt es aber wieder, mein Licht.
Und ganz langsam fange ich Feuer;
weiß nur nicht, wofür ich brennen soll.
Ich warte noch auf den Frühling, mal wieder,
auf die ersten Knospen der Inspiration,
die wirklich auch Blüten austreiben,
aus denen Früchte heranreifen könnten;
und ich warte darauf, dass sich die Wege
unter dem Wintermantel wieder auftun.
Noch kann ich keinen einzigen erblicken.
Ich vertraue jedoch auf Gott und darauf,
dass überhaupt noch ein Weg da ist.
Wohin er mich führen wird,
das werden wir dann schon sehn.
Aber mich nun verschließen
und mein Licht verbergen,
das kann ich einfach nicht.
Und inzwischen erkenne ich auch,
dass ich das gar nicht mehr muss.
Denn da erscheint nun ein anderes Licht,
das alles durchdringt und umfängt
und in das mein Licht nur hineinscheint.
Und manchmal sitze ich in diesem Licht,
schweige, und dann sind da keine

Fragen und keine Antworten mehr nötig.
Ein Licht, so strahlend und warm, dass da
keine Dunkelheit und keine Kälte mehr sind.
Man muss es nur aushalten können ...
So viel Licht, so viel Liebe ... in uns.
Es wird mir den Weg schon weisen.
Gut möglich, dass es selbst
ein ganz neuer Weg für mich ist...
und vielleicht sogar der Weg der Wege.
Ins absolute Nichts jedenfalls kann
sicher kein Weg mehr führen,
komme ich doch gerade von dort
und kehre gewiss nie mehr um.
Was habe ich also zu verlieren ...
den nächsten Herzensweg nehm ich!

Mit diesen Zeilen wollte ich schon 2017 dieses Buch eröffnen. Es blieb fast zwei Jahre bei diesen Worten. Nun ist das Buch fertig, und ich möchte mit diesen Gedanken nun wirklich schließen. Rück- und ausblickend zugleich. Mögen sie all denen ein wärmendes Licht sein, die vielleicht gerade frieren.

Danksagung

Im Besonderen bedanke ich mich bei Cora, ohne die ich dieses Buch niemals hätte stemmen können. Danke, dass du mich überzeugt hast, nicht in die Höhle zu ziehen. Danke Mum (aka Muddi), Dad, dass ihr immer noch und bei jedem Buch aufs Neue wieder mitfiebert. Und Kopf hoch, Schwesterherz, dir widme ich den ersten Roman.

Danke an meine Freunde, in ausgewürfelter Reihenfolge, ein jeder von euch ein besonderer Lehrer: *Frank, Emina, Margret, Milena, Christine & Yago, Charly, Rainer, Sabine, Simone, Maria, Sabine, Sasha & Zailo, Kassi, nochmal Sabine, Fernando, Andy, Georg* und *Elizabeth*. Danke auch *Christian, Dagmar* und *Ursula* für Geduld und Lektorat. Danke *Anita, Vera, Silke, Nuray, Müserref* und *Violeta* für eure Impulse. Herzensdank *Sema, Elena, Ariane*. Danke *Alan,* miss you.

Oma, Opa, ihr hattet recht: Wir können alles verlieren, außer unseren Erfahrungen und dem, was wir sind. Ihr fehlt mir trotzdem beide sehr.

Und danke meinen Lesern für eure Gefühle und Gedanken.

Und danke mir, warum auch nicht, bei dem Buchtitel!

– I did it my way!

Lesenswert und inspirierend

Daodejing – Laotse

Natürlich ein sehr altes Buch, ein Klassiker. Ich habe sehr viele Bücher gelesen, und doch ist in diesen kurzen Zeilen alles Wesentliche gesagt, das ich so lange zu lesen suchte. Ich lege dieses Buch wirklich jedem ans Herz. Weisheit wohnt allem inne, heißt es. Man muss sie nur hören können. Dieses Buch läuft über vor Weisheit. Man muss sich nur darauf einlassen. Antiquarisch erstanden, gibt es hier wahre Schätze zu heben.

Daughters of Emptiness – Beata Grant

Viel ist über buddhistische Mönche im alten China zu lesen, wenig über Nonnen. Dieses Buch ist eine Sammlung ihrer Biografien und schönsten und tiefsten Gedichte.

Codex Seraphinianus – Luigi Serafini

Ein sehr ungewöhnliches Buch. Der Künstler Luigi Serafini hat es über Jahre wie in einem kreativen Rausch erschaffen, er weiß nicht mal, wozu. Eine ganz eigene Welt, es gibt viel zu sehen darin und viel zu lesen, in einer Sprache allerdings, die keiner mit dem Geist versteht. Dieses Buch ist ein Edelstein. Es braucht etwas Zeit, dann wird es eine Reise zurück in die Kindheit, ein Erfahren einer Welt, die man noch nicht kennt. Wundersam. Tief. Fast transzendent und psychedelisch.

Vom Sinn des Lebens – Alexander von Bernus

Alexander Freiherr von Bernus war eng mit Heidelberg verbunden. Ein schöner Zufall also, dass ich das Buch im Heidelberg Antiquariat, dem für mich zweitschönsten Ort der Stadt, entdeckt habe. Eine Sammlung der Weltlyrik zum Thema: Vergänglichkeit und Wiederkehr. Auch aus diesem Buch tropft Weisheit!

Das Licht fließt dahin, wo es dunkel ist – Kerstin Chavent

Kerstin Chavent lese ich immer wieder unbeschreiblich gern. Eine besonders klare Seele, ein herzlicher Mensch. Dieses Buch ist ein Geschenk an die Welt. Ich hoffe, die Welt packt es aus.

Siddharta – Hermann Hesse

Wer es bisher noch nicht gelesen hat: Es wird Zeit. Der Weg Buddhas aus der Feder eines der seltenen Menschen, der ihm so nahe war. Dazu empfehle ich Hermann Hesses Novelle Klein und Wagner.

Die Argonauten – Maggy Nelson

Ein sehr kluger Roman, eine sehr direkte, ungewöhnliche Art zu schreiben. Damit ebenfalls ein Eintauchen in eine andere Welt. Leseprobe downloaden, reinspüren.

Der kleine Prinz – Antoine de Saint-Exupéry

Gehört das in die Empfehlungsliste mit rein? Jeder kennt doch das Buch, oder?! Ich kannte es auch, aber habe es erst als Erwachsene wirklich kennengelernt und seine Tiefe erfahren. Ich besitze es geschrieben, gemalt, gesprochen, gesungen. Der kleine Prinz ist größer, als man denkt. Man kann ihn nicht oft genug lesen und beim Wort nehmen.

Im Spiegel der einfachen Seelen – Marguerite Porete

Vergessen ist sie nicht, diese Seele, die für ihren Glauben am Ende ins Feuer der Inquisition ging. Ich möchte dieses Buch anfügen, damit sie und der Schatz in ihrem Herzen auch nie vergessen werden.

Nur eine Rose als Stütze. Gedichte – Hilde Domin

Und wie könnte ich diese Liste schließen, ohne Hilde Domin aufzuführen. Eigentlich sollte man alles von ihr lesen. Dieser 1959 erschienene Band ist ihr erster, ein idealer Einstieg also. Und wenn ihr in Heidelberg seid, besucht den Bergfriedhof und ihr Grab und bestellt bitte Grüße.

Weiterführende Informationen & Kontakt

Weitere Informationen, Kontaktdaten und Podcast unter:
www.jakait.com

Wie immer gilt: Alles, was respektvoll, ehrlich und nett verpackt ist, wird auch gern ausgepackt. Und die meisten Sachen werden dann auch beantwortet. Danke euch.

Anmerkungen

1 Die Sieben Weisen sind eine von der Nachwelt so bezeichnete Gruppe von Persönlichkeiten des öffentlichen Lebens in der griechischen Antike (Thales von Milet, Pittakos von Mytilene, Bias von Priene, Solon von Athen, Kleobulos von Lindos, Myson von Chenai und Chilon von Sparta).

2 1. Deutsches Institut für Wirtschaftsforschung (DIW), 2. Institut für Weltwirtschaft (IfW), 3. Münchner Ifo-Institut, 4. Rheinisch-Westfälisches Institut für Wirtschaftsforschung (RWI), 5. Institut für Wirtschaftsforschung Halle (IWH).

3 Quellennachweis und mehr zu diesem Gedicht im Kapitel »Mit jedem Schritt – zu Hause«.

4 Domin, Hilde: *Nur eine Rose als Stütze.* Gedichte. 17. Auflage, Frankfurt a. M. 1994.

5 »Wir setzten den Fuß in die Luft und sie trug«. Inschrift auf dem Grab in abgeänderter Form. Vgl. Video-Interview »Ich will dich. Begegnungen mit Hilde Domin, DVD v. 25. Juli 2008.

6 Domin, Hilde: *Die Liebe im Exil.* Briefe an Erwin Walter Palm 1931–1959. S. Fischer Verlag, Frankfurt a. M. 2009.

7 https://lyrikzeitung.com, 27., Hilde Domins Mut.

8 Schweitzer, Albert: *Die Ehrfurcht vor dem Leben.* München 2013.

9 Magazin als Print über ww.oshotimes.de

10 Frankfurter Allgemeine Zeitung: *Die Mutmacherin.* Zum Tode von Hilde Domin, 23.2.2006.

11 Saint-Exupéry, Antoine de: *Der kleine Prinz,* Erstveröffentlichung, New York 1943.

12 Video: www.youtube.de, Titel: *Gigapixel of Andromeda [4K]* / Foto: www.spacetelescope.org/images/heic1502a/

13 Siehe Wikipedia – Hubble Extreme Deep Field.

14 Heise Online www.heise.de: Hubble-Teleskop, zehnmal so viele Galaxien im Universum, wie bisher gedacht, 13.10.2016.

15 Fromm, Erich: *Über den angepassten Menschen,* Interview 1977, unter www.youtube.de

16 Grönemeyer, Herbert: Album *Kinder an die Macht,* 1986.

17 Baudrillard, Jean: *Simulacra and Simulation,* University of Michigan 1994.

18 Originaltitel: *The Matrix,* USA 1999.

19 Ruiz, Don Miguel: *Die vier Versprechen,* München 2003.

20 Watzlawick, Paul: *Wie wirklich ist die Wirklichkeit?* Erstveröffentlichung, München 1976.

21 Vortrag *Wie wirklich ist die Wirklichkeit?,* Radio Kultur, Nachtstudio.

22 Krishnamurti, Jiddu: *Krishnamurti's Notebook/Das Notizbuch,* New York 1976.

23 »It's no measure of health to be well adjusted to a profoundly sick society.« Zitiert nach Vonnegut, Mark: The Eden Express, 1975, S. 208.

24 Kreuz, Johannes vom: Gedicht: *Die dunkle Nacht der Seele (La noche oscura del alma),* verfasst ca. 1576.

25 Camus, Albert: *Der Mythos des Sisyphos (Le mythe de Sisyphe),* Paris 1942.

26 Austin, James H. MD, *Zen-Brain Reflections* (The MIT Press), 2010.

27 Saint-Exupéry, Antoine de: *Der kleine Prinz* (Originaltitel: *Le Petit Prince*), New York 1943.

28 www.youtube.de – Hinnerk Polenski, Titel: *Die Angst im Herzen auflösen.*

29 Laotse, Daodejing, Absatz 47 – *Ausblick in die Ferne* (Auszug).

30 »Happiness only real, when shared« zitiert nach: Krakauer, Jon: *Into the Wild.* New York 1996.

31 Laotse, Daodejing, Zweiter Teil *Von der Tugend* – Absatz 42 »Die Wandlung des Geistes«.

32 Zitiert in: Watts, Alan: *Play to Live.* 1982.

33 Gómez Dávila, Nicolás: *Einsamkeiten. Glossen und Text in einem,* Wien 1987.

34 www.youtube.de, Titel: »What Is Time? | Professor Sean Carroll explains the theories of Presentism and Eternalism«.

35 Tolle, Eckhart: *Jetzt! Die Kraft der Gegenwart. Ein Leitfaden zum spirituellen Erwachen.* Bielefeld 2010.

36 Campbell, Joseph: *Der Heros in tausend Gestalten,* Frankfurt a. M. 1953.

37 www.youtube.de: Suchbegriff *Die to Self, Surrender to God* – Paul Washer.

38 Als Beginen (auch Begutten) wurden ab dem 13. Jahrhundert in Deutschland und Frankreich die Angehörigen einer christlichen Gemeinschaft genannt, die keine Ordensgelübde ablegten und nicht in Klausur lebten.

39 Zitiert von Fischer, Ron: *Spione des Herzens. Die Sufi-Tradition im Westen,* nach WikiQuote.

40 Porete, Marguerite: *Spiegel der einfachen Seelen,* neu aufgelegt 2011 im Matrix Verlag.

41 »Go all the way with it. Do not back off. For once, go all the goddamn way with what matters.« In: Hemingway, Ernest: *The Complete Short Stories,* 1987.

42 »Any real change implies the breakup of the world as one has always known it, the loss of all that gave one an identity, the end of safety. And at such a moment, unable to see and not daring to imagine what the future will now bring forth, one clings to what one knew, or dreamed that one possessed. Yet, it is only when a man is able, without bitterness or self-pity, to surrender a dream he has long possessed that he is set free – he has set« in: *Partisan Review,* Herbst 1956.

43 Nietzsche, Friedrich: *Ecce Homo. Wie man wird, was man ist.* Nietzsche Archiv, 1905.

WEITERE BÜCHER VON JANICE JAKAIT

TOSENDE STILLE
224 Seiten, geb. mit Schutzumschlag
ISBN 978-3-943416-56-5

LIEBE ODER DER MUT ...
232 Seiten, Klappenbroschur
ISBN 978-3-95803-130-2

»Spannend, authentisch, ehrlich. Janice Jakait versteht es wortgewandt die Emotionen der Zuhörer zu wecken.«
International Business School (ZfU)

FREUT EUCH NICHT ZU SPÄT
240 Seiten, geb. mit Schutzumschlag
ISBN 978-3-95890-024-0

SCORPIO
EUROPAVERLAG